연장전

연장전

초판 1쇄 인쇄 | 2020년 12월 03일
초판 1쇄 발행 | 2020년 12월 07일

지 은 이 | 이명애
펴 낸 이 | 박세희

펴 낸 곳 | (주) 도서출판 등대지기
등록번호 | 제2013-000075호
등록일자 | 2013년 11월 27일

주 소| (153-768) 서울시 가산디지털2로 98.
　　　　2동 1110호(가산동 롯데IT캐슬)
대표전화 | (02)853-2010
팩 스| (02)857-9036
이 메 일 | sehee0505@hanmail.net

편집 · 디자인 | 박세원
ISBN 979-11-6066-063-0
ⓒ **연장전** 2020. Printed in Seoul. Korea
　　값 12,000원

• 잘못된 책은 구입하신 서점에서 바꾸어 드립니다.
• 이 책은 2020년 남북통합문학센터 콘텐츠창작지원사업에 선정되어 발간하였습니다.

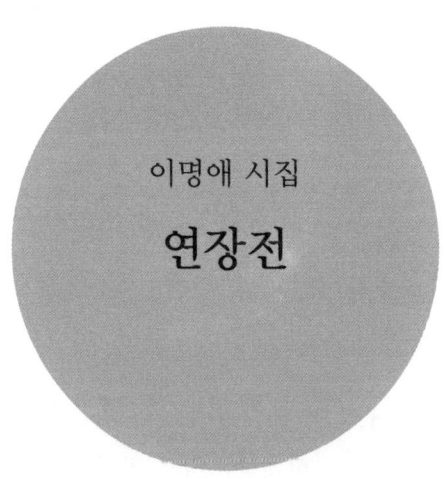

이명애 시집

연장전

등대지기

시인의 말

 소설책을 집으면 끝장을 보고야 마는 취미를 가진 덕에 숭실사이버대학교에서 전공도 아닌 문학강좌를 수강하였다. 어느 날 강의 시간에 교수님이 북한 문학을 다루는데 영예군인에게 시집간다는 예쁜 마음을 가진 처녀에 대한 시였다.

 글자 그대로 보면 순수한 문학작품처럼 보인다. 하지만 사회주의 문학이 선전 선동을 위한 도구라는 것은 세상이 다 아는 진실이다. '영예군인', 호칭은 그럴 듯 하지만 그들은 상이군인, 즉 장애인이다. 군이나 시마다 영예군인공장이 하나씩 있다. 그곳에서 영예군인들도 일을 하면서 배급을 받고 월급도 받는다.

 하지만 장애가 있는 사람에게 선뜻 딸을 내어줄 부모는 없다. 나라를 위해 희생했는데 대가도 없고, 장가마저 못 간다면 군대에 가는 걸 누가 좋아

하겠는가? 그러니 영예군인에게 시집가는 처녀에게는 해당 기관의 선물 공세도 이어지고 결혼식도 치러주면서 적극 선전한다. 이런 속사정을 모르니 남한 문인들이 '당과 수령'이란 문구가 빠진 순수한 작품으로 해석할 수밖에 없는 것 같다.

  내가 쓴 첫 작품은 바로 「그들은 영예군인이었다」이다. 문체의 기교는 부릴 줄 몰라도 진실은 그대로 전해야겠다는 생각으로 썼다. 멋진 시인은 아니더라도 무언가 보탬이 되는 사람은 되고 싶어 그동안 써본 습작시들을 묶어본다.

2020년 12월
이명애

차례

시인의 말 · 04

제1부 나를 응시한다

감시 · 13

탈출의 끝은 언제일까 · 14

5원 · 16

무정한 사기꾼 · 18

나를 응시한다 · 20

가죽옷 · 23

요술 궤짝 · 24

혁명역사 교과서 · 26

식은 죽 먹기 · 28

사형선고 · 29

아버지의 저녁 식사 · 32

마지막 길 · 34

자꾸만 뒤를 돌아본다 · 36

돼지 도둑 · 38

옆집 사내 · 40

제2부 뒷문이 앞문을 비웃는다

목숨 · 43

정조보다 소중한 것 · 44

산부인과 · 47

여관에서의 하룻밤 · 48

낙태 · 50

기형아 · 52

두 개의 작은 발 · 54

인분 냄새 · 56

뒷문이 앞문을 비웃는다 · 58

배급표 · 60

눈 뜨고 코 베어가다 · 62

함지 목욕 · 64

신의 직장 · 66

현지 시찰 · 68

알랑미 · 71

오빠시 · 72

당원 · 74

하늘 선물 · 76

제3부 백 원의 가치

노동신문 · 81

부결되었습니다 · 82

기막힌 팔자 · 84

공화국의 법 · 86

구들 농사 · 88

백밥 먹는 꽃제비 · 90

제일 먼저 굶어 죽은 사람 · 92

유엔의 구호물자 · 94

진화하는 소매치기 · 96

복면강도 · 98

백 원의 가치 · 100

거꾸로 대한민국 · 101

당상이 사라졌다 · 102

개미들 · 104

제4부 호랑이 가죽

배웅 · 109

그들은 영예군인이었다 · 110

심증은 있고 물증은 없다 · 113

창문 승차 · 115

신통방통 군인 요법 · 119

열차 브로커 · 121

땅속에 묻힐 행운 · 124

고양이와 생선 · 126

그들이 살아남는 방식 · 128

호랑이 가죽 · 130

애국 돼지 · 132

제5부 연장전

나도 사람이었구나! · 137

벚나무는 아무것도 모른다 · 139

서울 · 140

북쪽 여자 · 142

연장전 · 144

내 고향은 부산보다 가깝다 · 146

만원입니다 · 148

아흔 살 아이 · 150

지렁이 · 152

지나간 공산주의 · 154

그리운 손맛 · 156

표류 · 158

수기 · 160
해설 · 177

제1부

나를 응시한다

감시

공부가 끝난 후, 선생님이 말한다
알판[1]으로 외국 영화 본 학생은 손드세요
지금껏 한 번도 손든 적 없는 한 학생 번쩍 든다

무슨 영화 봤나요?
홀딱 벗은 남자랑 여자랑 나오는 거……
킥킥대는 꼬마들

어디서 봤나요?
우리 집에서 문을 꽁꽁 닫아걸고
창문을 담요로 다 가리고 봤습니다

누구랑 봤나요?
아빠랑 엄마랑 옆집 아저씨들이랑 같이 봤습니다
조잘거리는 딸애의 말에 가슴이 철렁한다

담임선생이 현명하게 처리한 듯
내 소꿉친구의 집에서는 다행히
아무 일도 일어나지 않았다

---

1) CD.

탈출의 끝은 언제일까

　나는 열네 살 때 조선이 독립하지 않으면 다시 돌아오지 않으리라 굳게 결심하고 압록강을 건넜습니다. 그때 나는 그 누군가가 지은 '압록강의 노래'를 부르면서 내가 언제 다시 이 땅을 밟을 수 있을까! 내가 자라나고 선조의 무덤이 있는 이 땅에 다시 돌아올 날은 과연 언제일까! 이렇게 생각하니 어린 마음에도 슬픔을 금할 수 없었습니다.

　나는 마흔 살에 압록강을 건넜습니다. 그때 문득, 기억의 바다에 침몰 되었던 인민학교 교과서의 이 교시 구절이 튀어나왔습니다. 그 누군가는 나라를 찾기 위해 압록강을 건넜다면, 그 누군가는 삶의 터전을 빼앗기고 두만강을 건넜다면, 주권국가의 국민인 나는 왜 탈북해야 할까요? 사형수도 아닌데 저들은 왜 나를 향해 총을 겨눌까요? 나는 왜 목숨 걸고 도망쳐야 할까요?

　휘어진 버드나무 아래 죄 없는 유혼들이 소용돌이칩니다. 저 사품 치는 악마는 불쌍한 영혼을 얼마나 더 집어삼켜야 죄를 알까요? 암흑 속에 갇힌 땅, 강 저편에 그리운 부모 형제가 있습니다. 나는 언제면 정든 고향에 다시 돌아갈 수 있을까요?

 세기를 넘어온 탈출의 끝은 과연 언제일까요?

5원

하루 장사 마치고
지친 몸 이끌고 돌아온 저녁
딸아이가 문밖에서 기다린다

엄마가 준 5원 아끼고 아끼다가
두부 밥 하나 사 들고
딱 한입 물었는데
어디선가 나타난 까마귀 손이
순식간에 덮쳐 달아났다고

실룩거리던 아이의 입술이
마침내 터져버린다

엄마가 꽃제비[2] 주의하라고 했어? 안 했어?
그땐 없었단 말이야

이 반푼[3]아, 눈은 가죽이 모자라 째 놓았냐
장마당에 널린 게 꽃제비인데
돈 달란 소리 다시 했단 봐라!

한 대 쥐어박으니 내 손이 아프다

또 한 대
나를 향한 울분이
또 한 대
세상을 향한 울분이
폭포처럼 쏟아진다

---

2) 거지- '고난의 행군'시기 꽃제비라는 말이 생겨났다.
3) 멍청이.

무정한 사기꾼

하나는 등에 업고, 하나는 손에 끌고
플라스틱 통은 턱밑에서 그네를 뛴다

지글거리는 한낮의 태양 아래
한 발자국 한 발자국 힘겹게 옮기는 아이 엄마

슬그머니 둘러붙는 중년의 아줌마
징징대는 아이에게 등을 돌려댄다

대상 물색하던 사기꾼에
제대로 걸려든 젊은 엄마
목적지가 같다는 말에 마음을 연다

기약 없는 열차를 기다리며
고달픈 세상살이 푸념하는 두 여자

애들을 맡기고 공동변소 간 사이
통을 들고 뛴 여인

이거라도 팔아서 굶어 죽지 말라던
친정엄마의 손때가 묻은
50리터 재생 플라스틱 통

무심한 하늘에서
후드득후드득
굵은 빗방울 쏟아진다

나를 응시한다

담뱃갑 흔드는 사람들 앞에
무연탄 가득 실은 화물차가 멈춰선다
차비 챙기는 틈 타
아들애 들어 올리고
운전 칸 발판을 짚고 올라선다

이건 또 뭐야?

지갑을 잃어버렸다고
배낭을 통째로 도둑맞았다고
적재함의 아들애도
등에 업힌 딸아이도 덩달아 운다

모두가 외면하는 그때
한마디 건네는 중년의 군인
거, 좀 같이 태우고 갑시다

쏠리는 눈길이 민망한 듯
운전사 슬그머니 꽁지를 내린다

시동이 걸리는 것과 동시에
업은 애와 함께 석탄 위에 엎어진다

낮부터 함께 서 있던
이백 리를 걸어왔다는
금방이라도 쓰러질 것 같은 애 엄마
기어드는 목소리로 나를 더듬는다
등에 업힌 다섯 살 애도
열 살 소녀도 가는 목 빼들고 올려다본다

운전사 눈을 피해 있는 힘껏
새 다리 같은 아이 손목 잡아당기는데
귓전을 때리는 고함소리

야, 저것들 당장 끌어내려!
제 몸 건사도 못하는 저런 거 태웠다가
재수 없으면 송장까지 치러야 한다니까!

꼬박 굶으며 일주일을 걸었다는데

외갓집까진 아직 백 리가 남았다는데
나도 끌어내리라 할까 봐
얼른 그 가냘픈 손을 놓아버렸다

어둠 속에 댕그라니 남은 세 모녀
멀어지는 자동차 응시한다
아니, 나를 응시한다

가죽옷

까슬까슬한 옥수수 잎이 스치자
빨간 볼펜이 지나간다

소매를 걷어 올린 가는 팔뚝
솜털 같은 톱날이 헤집은 자리
짭짤한 맛에 길들여질 만도 한데
아직도 불같이 화를 낸다

찰싹 달라붙어
어머니와 한 몸이 되어버린
때 절은 작업복 한 벌

어머니가 땡볕에
몸을 벗어놓은 사이
하얀 소금이 노역의 지도를 그린다

요술 궤짝

민족 최대의 명절인 2월 16일[4]과 4월 15일[5]
갓 태어난 아기들부터
소학교에 다니는 아이들에게
어김없이 당과류 선물이 지급된다

아이들에게 줄 간식이라곤
딱딱하고 샛노란 강냉이밥 누룽지
이마저도 흔하지 않은 세월

절대 잊을 수 없는 달콤한 맛
떨쳐버릴 수 없는 유혹의 맛
온 나라 아이들이 목마르게 기다린다

장롱 속에 고이고이 모셔놓고
하루 한 개씩
울면 달래느라 또 하나

장롱은 요술 궤짝
사탕 나와라 뚝딱

과자 나와라 뚝딱

요술의 사명도 금방 끝나 버렸건만
아기는 손가락으로 장롱을 가리키며
계속 울어댄다

---

4) 김정일 생일.
5) 김일성 생일.

혁명역사 교과서

보풀 일고 닳아빠진 누런 종이
귀퉁이마다 돌돌 말려
금방 튼 솜처럼 부푼 책
몇 번을 재활용했는지 알 수 없다
덧셈 뺄셈을 보니 수학 교과서인가보다

소학교에 입학한 아들에겐
이마저도 차례지지 않는다

언젠가는 부모들더러
교과서 그대로 베끼라 하더니
새 교과서도 일 년을 못 버티는데
옥수수 대로 만든 공책에 옮겨 쓴 대용 교과서
며칠이나 가랴

혁명역사는 몰라도
세상 물정은 알아야 한다
힘 있고 권세 있는 학부모들
국어, 수학 교과서부터 요구한다

내 아들은 달랑
혁명역사 교과서 하나 차례진다
곰팡이 냄새 풀풀 나는
최상의 재질로 만든
지난 시간의 흔적이 전혀 없는 새 책

식은 죽 먹기

줄어드는 게 아까워
사라지는 게 아쉬워

뜨거운 죽 먹는 양
후후 부는 시늉까지 해가며
야금야금 쪼끔쪼끔
먹는다

등에 붙은 뱃가죽
떨어질 기미조차 없는데
죽사발이 아프다고 그만 긁으란다

사형선고

콧구멍을 막았던 좁쌀 크기의 암초
두 번이나 도려내자
양쪽 턱밑에 알밤만 한 혹을 만든다

그제야 황망히 의뢰서를 써준 의사
평양종양연구소는
석 달밖에 남지 않았다는 선고를 내린다

아버지를 내보낸 의사
300원짜리 주사를 매일 맞아야 한다며
능숙한 솜씨로 다섯 자녀의 지갑을 진찰한다

유명무실해졌다지만
엄연히 무상치료제도가 존재하는데
그 값은 누가 정하고
어느 주머니로 들어가는 것인가!

열아홉 자손의 하루를
아버지의 하루와 맞바꿔도

도저히 감당할 수 없는 현실
자식 된 도리를 저버릴 순 없다

저희 형제들이 어떻게든 돈은 마련할 테니
입원만 시켜주세요

손바닥만 한 전기히터에 죽을 끓이고
입김으로 언 손을 녹이며
죽음을 맞받아가는 환자들
정전되면 이마저도 누릴 수 없다

아버지는 단호히 입원을 거부한다
아무래도 죽을 몸
뜨끈한 내 집 아랫목에서
네 어미 손에 죽으련다
환갑은 살았으니 이만하면 됐다

멈출 수 없는 통증
점점 커지는 암덩이

점점 목을 조여온다

혹부리 영감을 닮아가는 아버지
안부를 묻는 이들에게 말씀하신다

난 이미 사형선고 받은 사람이아

아버지의 저녁 식사

하루 일 마친 아버지가 들어선다
쪼르르 달려 나간 세 아들

엄마가 서둘러 저녁상을 차린다
물 한 사발, 죽 한 사발. 시래기 김치 한 접시

종일 공장 일에 기운 빠진 아버지
후루룩후루룩
마지막 한 숟가락 들다 말고
빤히 올려다보는 애들에게 눈길 준다

너희들 저녁 먹었지?
침은 꼴깍 머리는 끄떡

아버지 죽 그릇이 바닥을 드러낸다
울음을 터뜨리는 두 살 막내
엄마가 달래도 막무가내다

아빠 저녁 넘볼 시

맹물도 없다는 엄한 훈시
아버지의 자비만을 바랐지만
그 애절한 희망이 사라진다

죽 나발만 불게 한 죄스러운 엄마는
또다시 사정없이 매를 든다

마지막 길

말단 분조장도 아니고
노동당원도 아니고
간부들에 미움만 사던 아버지가 돌아가셨다

보릿고개 감자에 연명하는 세월
구덩이는 누가 파고
상여 멜 사람은 어이 찾으랴

상주의 걱정을 비웃듯
헬쑥한 젊은이들 찾아온다

그 집 가면 뜨끈한 국밥
배부르게 먹을 수 있을 거야
돈 잘 번다는 소문 덕
톡톡히 치르는 상주

아픈 몸 이끌고 직접 고른 묫자리
빈 몸에도 오르기 힘든 산 중턱

약 한 첩 써보지 못하고
효도할 기회조차 안 주고
서둘러 먼 길 떠난 아버지

장맛비에 씻기고 패인
울퉁불퉁 오르막길
생면부지의 젊은 상여꾼들에 떠받들려
고이 가신다

자꾸만 뒤를 돌아본다

거무튀튀한 솜옷 끝자락에
비죽이 드러난 새까맣고 작은 맨발
역사 앞 콘크리트 바닥에 버려져 있다

세월없는 연착에 핏발 선 사람들
쯧쯧, 간밤에 또 하나 갔나 보군

아들애 손잡고 무심히 지나치는데
끊어질 듯 간간히 이어지는 소리
밥 달 라……
밥 달 라……

어깨에 걸친 배낭을 만지작거린다
나의 전 재산은 나물밥 두 덩이
아들애 끌고 돌잡이 딸 업고
무작정 떠난 길이다

저 숱한 사람들 중에
나보다 넉넉하고 인정 많은 사람

분명 있을 거야

가자.
아들애 손목 잡아챘다
다섯 살 아들이 자꾸만 뒤를 돌아본다

돼지 도둑

우리 집 재산인 돼지 한 마리
아들딸 시집장가 보낼 밑천
엄마의 유일한 낙은
탈 없이 무럭무럭 커가는 돼지

돼지보다 못한 존재라는
아버지의 악의 없는 진담에도
농장 일에 지친 몸 이끌고
일 년을 하루같이 돼지부터 챙긴다

12월의 어느 날
해 뜨면 팔려 갈 돼지에게 엄마는
어둠 속에서도 익숙한 구유에
김발 서리는 돼지 밥 그득 쏟아붓는다

많이 먹고 잘 가거라
꿀꿀 새벽 인사 잊지 않던 돼지
그런데 기척이 없다

돼지가 이상해요!
엄마의 떨리는 목소리
놀란 아버지
낡아빠진 끌신 저만치 날아가고
돼지우리 훌쩍 뛰어넘는다

툭, 맨발에 느껴지는 불길함

수명이 끝나가는 벌건 손전등에
드러난 낭자한 유혈
두 눈 부릅뜬 돼지머리

까무러친 엄마는
아랫목 자리보전한 지 벌써 며칠째

옆집 사내

병마와 싸우며
악착같이 버텨내던 젊은 엄마
꼭 잡았던 아들 손목 끝내 놓아버린다

동네 사람들 쌀 한 줌씩 모았다
아빠 직장에서 돼지머리 하나 보내온다

창자를 비트는 고기 삶는 냄새
잠시 사람이길 포기한 옆집 사내
덜 익은 고기 굵은 소금에 꾹꾹 찍어
꿀떡꿀떡 삼켜버린다

일곱 살 상주도 지쳐 잠든 저녁
동자질 돕는 마을 아낙들
돼지머리 하나가 요것밖에 안 돼요?

죽은 자의 손이 사내의 발을 잡아챘을까
시치미 떼고 집으로 가던 사내
돌부리에 걸려 넘어져
팔이 부러진다

제2부

뒷문이 앞문을 비웃는다

목숨

한 봉지에 오십 알 들어있는
중국산 돼지 회충약
제 나이만큼 먹으면
생명에 지장이 없다는 약장수

두 달 된 태아를 지우려면
적어도 두 봉지는 먹어야 한다
약장수의 당부를 무시하고
나이 서른에 백 알을 먹는다

그러나 위로 아래로
크고 작은 기생충만 쓸어 나올 뿐
엄마도 아기도 죽지 않는다

파리보다 못한 목숨이
이런 땐 참 질기다

정조보다 소중한 것

어둠이 깃들 무렵
'승리58' 자동차 그녀들 앞에 선다

조수석의 젊은이 뛰어내려
제 덩치보다 더 큰 배낭 냉큼 들어
적재함에 던진다

어둠 속을 달리던 자동차
한적한 곳에서 멈춘다
반세기는 넘긴 듯 대머리 운전사
차비 건네는 손 밀어낸다

우리 한판 놀고 가는 게 어때요
한강에 배 건너간 자리 있나!
누이 좋고 매부 좋고 꿩 먹고 알 먹기지

반항도 순종도 할 수 없는 여인들

앳된 여인에게 조수가 손을 내민다

젊은 우리가 먼저 자리 피해줍시다

길섶 으슥한 곳에 앞장서 가는 조수
밤이 되니 으쓸하네요
바닥에 깔 옷가지 하나 가지고 올 테니
잠깐 기다리시오

조수석에 앉은 중년 여인에게 다가가
정중하게 부탁하는 젊은 늑대
저 여자가 말을 잘 안 듣네요
아주머니가 좀 설득해주세요

아기도 낳아보지 않은 새색시다
무슨 말을 어떻게 하랴
서로 부둥켜안고 통곡하던 그때

부릉부릉 발동 소리
쏜살같이 달아나는 자동차

찢기고 터져도 반응 없는 몸뚱이
이 한 몸 기꺼이 바칠 터이니
배낭만은 제발 주고 가라고

두 여인의 울부짖음
어둠을 난도질한다

산부인과

피임약은 없고
낙태는 불법이고
있는 아이도 굶어 죽는 판에
아이는 계속 낳으라네

뇌물 바치고 대아를 긁어낸다

처녀는 100원
아줌마는 50원
애가 둘이면 30원
물물교환도 가능하다

약 공급체계가 무너진
한산하기 그지없는 병원이지만
산부인과 앞에만 줄이 늘어선다

여관에서의 하룻밤

출장길 떠난 사내
정전이 된 철로 위에서
몇 날 며칠을 보내고 목적지에 당도한다

장마당 구석에서 한 끼 때우고
별빛조차 없는
깜깜한 여관방에서 잠을 청한다

흥분한 작은 흡혈귀들에
꼼짝없이 뜯기고 있는데

스르륵 문이 열리더니
밤 고양이 하나 들어선다
살금살금 머리맡에 다다르더니
홀쭉한 가방 뒤적거린다

아무 수확이 없는 듯
잠시 망설이는가 싶더니
자그마한 손이

사내의 가슴을 더듬기 시작한다

가슴팍의 납작한 주머니를 누비는 순간
욕정을 이기지 못한 사내
시커먼 도둑고양이 확 끌어당긴다

동이 틀 무렵
잠이 덜 깬 사내 옆에는
석탄 화장이 말끔하게 지워진
소녀 꽃제비가
깊은 잠에 빠져있었다

낙태

높은 곳에서 떨어져도 보고
죽어라 달려도 보고
짐을 잔뜩 진 채
수십 리 걸어도 보았지만
끈질기게 붙어있는 생명

궁여지책으로
낙태 수술 받아 본 적 있다는
옆집에 부탁한다

마취 없이 하는 소파수술
차가운 집게로
자궁 속에서 뜯어낸 핏덩이
소리 없는 비명을 지른다

재깍재깍 가위소리
홍문을 지나 뜨끈뜨끈 한 것이
흐느적흐느적 떨어진다

기억을 더듬은 옆집 여인
자궁 속에서 태아를 끄집어내다
임산부가 죽었다

핏덩이가 저승말이라도 되었을까
엄마는 땅속에 묻히고
옆집 여인은 지옥 같은 감옥에 가고
두 집 아이들은
세상에 내동댕이쳐진다

기형아

며칠째 간간이 이어지는 진통
아빠가 엄마 배를 타고 눌러서야
모습을 드러낸 아기

네 살 잡이 첫째를 가슴에 묻고
둘째를 얻은 기쁨
만나는 사람마다 싱글벙글
아들입니다

그런데 모기 소리 같은 울음소리
축 늘어진 팔다리 움직일 줄 모른다

엄마 아빠의 사랑으로 태어났건만
고난 앞에 무방비로 맞선 아기
열 달을 채우고도
세상 밖에 나올 준비가 부족했다

방울방울 아기 입에 젖을 짜 넣던 엄마
혓바닥에 켜켜이 쌓인 버캐를 보고서야

뒤늦게 병원을 찾는다

이것도 사람이라고 일주일이나 끼고 있었니?
바로 엎어 놓고 말지.

눈썹 하나 까딱 안 하고
아기 엄마 면박 주는 산부인과 의사
그래도 인간인데
그래도 생명인데

두 개의 작은 발

굵고 뭉툭한 주삿바늘
여자의 아랫배를 사정없이 찌른다

이틀이 지나서야 오는 진통
고마운 의사 선생님 덕분에
원치 않는 셋째를
공짜로 지울 수 있게 되었다
큰 시름 떨쳐버린 안도의 신음 소리

종일 버티던 태아도
결국 못 견디고 빠져나온다
여자는 급하게 분만실로 달려가
의사가 권하는 양동이에 앉는다

무언가 꿈틀거리는 느낌
아래를 내려다보는 순간
대롱대롱 매달려 버둥거리는
채 여물지 못한 두 개의 작은 발

여자가 울상이 되어 소리친다
선생님 아기가 나오다 걸렸어요
저 좀 살려주세요

드디어 어둡고 차가운 나락으로
아기가 뚝 떨어진다

여섯 달을 품고 살면서도
고달픈 인생의 짐이라
오로지 떼어버릴 생각뿐이었다

독한 약에도 살아났던 아기는
온 힘을 모아
발버둥 치며 항의한다

나도 살고 싶다고!

인분 냄새

1.
반짝반짝 윤기 도는 알루미늄 가마
뚜껑을 열어보니 까맣다
인분 독에 가마가 녹아난다

아무리 쓸고 닦아도
창문 활짝 열어 칼바람 불러들여도
집 안 곳곳 지독하게 스며드는 인분 냄새
바람이 잠을 자는 시간에도
온 동네에 스멀스멀 퍼져간다

쌀보다 비싼 구멍탄[6)]
밥도 짓고 방도 덥히고 돼지 먹이고 끓이고

따끈따끈한 인분 죽을 먹고
허여멀쑥이 커가는 돼지

2.
역 대합실에서 밤을 지새는 사람들
불빛 한 점 없는 공동변소까지 너무 멀다
길에 널린 배설물이 두려워
볼일은 알아서 적당히 해결한다

하지만 새벽부터 대기하다
싹 쓸어가는 사람들 따로 있으니
난색 하던 역무원들 뒷짐 지고 웃는다

본전 안 드는 장사
너도나도 뛰어들어 영역 다툼이 벌어진다
세끼 밥 꼬박꼬박 먹을 수 있다면
그까짓 똥 냄새가 무슨 대수냐

---

6) 연탄.

뒷문이 앞문을 비웃는다

어슬녘 소리 없이 들어오는 자동차 한 대
날개 돋친 듯 퍼지는 소문
배급 한 차 들어왔대

백 대가 들어와도 모자랄 판에
달랑 자동차 한 대
뉘 코에 바르랴만

맨 앞에 서 있으면 차례질까
배급소 문 앞에 자리 펴고 밤 샌다
해가 중천에 떠올랐는데
배급소 직원은 그림자도 안 보인다

미련을 못 버린 아낙네들
며칠째 굶은 식구들 생각에
선뜻 자리 뜨지 못한다
커다란 자물쇠가 걸린 문짝만
하염없이 바라본다

어둠의 장막이 드리우고
마지막까지 버티던 아낙마저 사라지고

슬그머니 열리는 뒷문
보위부, 안전부, 기업소의 간부들
마나님 앞세우고 들어간다

배급표

직장에서 받은 배급표
굳게 닫힌 배급소 문
쓸모없는 종이조각
언젠가는 밥이 될 날 있겠지

날이 가고 달이 가고 해가 가고
쌓여만 가는 휴지조각
어쩐지 밥을 버리는 것만 같아
유통기한이 지났어도 고이 간직한다

장마당에 은근히 돌아가는 소문
배급표 있으면 팔아버려
몇 푼이라도 받는 게 낫지

도대체 이 휴지조각을 누가 왜 산대?

한정된 배급량이 성에 차지 않은
급수 높은 간부 아낙네들
쓸데없는 배급표 헐값에 사들여

이중 삼중의 배급을 받아간다

장마당 쌀이 떨어지지 않는
하나의 이유다

눈 뜨고 코 베어가다

행방 없는 기차역을 벗어나
도로가에 늘어서서 지나가는
자동차를 잡으려는 사람들 틈에 끼어
배낭끈만 벗은 채 그대로 주저앉아
잠시 숨을 돌린다

그때 행선지 주고받으며
마주 서 있던 아줌마
갑자기 눈만 껌뻑껌뻑
꿀 먹은 벙어리가 된다

답 없는 그녀의 눈길을 좇아
뒤를 돌아본 순간
내 등에 딱 붙어있던
장사 밑천이 온데간데없다

휘리릭 사방을 훑어보는데
저쯤에 천천히 자전거를 굴리는 놈과
짐틀에 배낭을 휙 올려놓는 놈이

시야에 들어온다

어, 저거 내 배낭인데!

배낭을 도로 한가운데 내려놓고
유유히 사라지는 두 사나이

함지 목욕

수만 명에 달랑 하나뿐인 대중목욕탕
찰랑거리는 콘크리트 물탱크
시뻘건 엉덩이로 치고받는 싸움이 시작되고
10분 만에 바닥을 드러낸다

일제히 물탱크에 뛰어드는 엄마들과 아이들
양철 바가지로 줄기차게 물을 끼얹는다
아츠럽게 울어대는 시멘트 바닥
땟물로 때를 씻어낸다

물탱크 주위를 뱅뱅 돌며
걸레를 마구 휘두르는 관리인
이쪽저쪽으로 쫓기면서도
물 욕심을 버리지 못하는 여자들

이마저도 문 닫은 지 오래다
함지 목욕이라도 해야 하는데
방 안에선 물 사발도 얼어붙는다

비닐 주머니 한 끝을 천장에 매고
작은 하우스를 만든다
커다란 함지에 뜨끈한 물을 부으니
뽀얀 김이 서린 아담한 목욕탕

평양 창광원 부럽지 않다

신의 직장

개성은 어디 가다 잡혔수?
함경북도에 있는 오빠네요
요즘 세월에 누가 반긴다고
끝에서 끝엘 간단 말이요!

개성에 남조선에서 운영하는 회사[7]가 생겼는데
거기 들어가면 배급도 나오고 월급도 많고
장사하는 것보다 백배 낫다오

강냉이 1키로 살 400원도 없는데
10만 원은 고여야 들어갈 수 있는 공장
생각 끝에 군부대 후방부에 있는
오빠를 찾아간다는 개성 아낙네

거긴 아무나 들어간대요?
토대가 걸리면 당연히 안 되지요
하지만 요즘 세상에 돈이 못하는 게 어디 있소
성분 세탁도 가능하다오

척박한 땅 나진-선봉도
개방 후 평양 부럽지 않다는데

전연지대인 개성도 살통 났네
우리 고향엔 그런 공장 좀 안 들어오려나!

---

7) 개성공단.

현지 시찰

창문을 가리시오!
5호동 3층 1호 불빛이 샙니다
창문을 잘 가리시오!

꼭두새벽 메가폰이 단잠을 깨운다

변변한 담요도 없어
이것저것 끌어다 겨우 막았는데
오늘따라 일찍 일어난 꼬마
불쑥 들치고 밖을 내다본다

안 돼!
엄마의 쇠 된 목소리
놀란 아이 울음을 터뜨린다

바로 그때 탕! 탕!
문 두드리는 소리
행사 요원이 문 앞에 떡 버티고 섰다

왜 밖을 내다봤는가?
애가 그랬습니다 잘못했습니다
엄마는 가슴에 안긴 아이 두 팔로 꼭 감싼다

애새끼 단속 똑바로 해!
매서운 눈초리로
방 안을 한 번 더 훑어보고 문을 쾅 닫는다

3교대 마친 아이 아빠는
영문도 모른 채
5시간 넘게 공장 안에 갇혔다가
해가 중천에 떠서야 풀려난다

그날 오후 다섯 시
조선중앙텔레비전 보도
흥분한 앵커가
군수공장 현지 지도 소식을 전한다

간부들 비상소집하고

미리 대기시킨 선반공 일솜씨도 보고
그 새벽에 공장 예술 선전대 공연도 관람하고
기념사진도 찍는다

세상이 곤히 잠든 새벽
비밀리에 번개같이 왔다가는 현지 시찰
신문과 방송을 도배한다

알랑미

단 일주일간 산모에게 지급되는 알랑미
한 끼가 새로운데 마다할 사람 누구더냐
냉기 도는 병원에 몰리는 임산부들

알알이 흩어지는
풀기 없는 알랑미 밥
그마저도 한정 없이 먹을 수 있다면

불어날 줄 모르는 젖가슴
주르륵 떨어지는 엄마의 눈물
아기 입속으로 흘러든다
인생의 쓴맛부터 본다

우는 아기를 안고 서성이는
그렁한 엄마 눈에
창밖의 황금 나락이 물결친다
하얀 이밥이 춤을 춘다

오빠시

돈이 될 물건이라곤
시집올 때 가져온 이불장과 찬장뿐
앉아서 굶어 죽을 순 없어
부모님의 사랑을 돈 몇 푼에 팔았다

장사 물품 든 배낭을 메고
지나가는 자동차를 향해
열심히 '차표'를 흔들던 그때
자전거를 탄 보안원이 나타난다

도로에서 누가 담배를 흔들라고 했는가!
너희 같은 쌍것들이 나라 망신 다 시킨단 말이야
담배 다 이리 내!

울며불며 애원하는 사람들
배낭을 발로 툭툭 차보는 보안원
잔말 말고 배낭이나 열어

내 배낭의 전기히터는 금지품
천정부지로 뛰어오르는 석탄 값

전기에 의존할 수밖에 없는 사람들
전기가 오면 때를 가리지 않고 밥을 짓는다
통제할 방법이 없다

쓰는 사람은 합법인 공짜 전기
파는 사람은 불법이다
꼼짝없이 회수당한다

누가 그 놈더러 "오빠시"라 했던가
불법이 아닌 게 아쉬운 놈이다
명분이 없는 게 아쉬운 놈이다
영화의 악질 일본 순사 "오빠시"보다
더 악착한 놈이다

외상에 히터 열 개를 또 받는다
돌덩이 같은 배낭을 질질 끌고
멀리 도로가에서
'차표'를 더 세차게 흔든다

등에 업힌 고사리 손도 함께

당원

반듯한 정복에 빨간 오각별 군모
동창생들 부러움 한 몸에 받던
여성고사총부대 소대장

제대 후, 상점 책임자였던 엄마가 쓰러지고
그 후광으로 상점 판매원으로 취직했건만
파리도 안 찾는 텅 빈 매장
더 이상 탐나는 자리가 아니다

시집갈 때 쓰라고
엄마가 장롱 속에 숨겨 둔 물건
야금야금 팔아 생계유지하는 처녀당원

어느덧 빈털터리 노처녀 신세
애 셋 달린 산골 홀아비한데
제 발로 찾아들어간다

밭 김 하나 제대로 맬 줄 모른다고
비당원 홀아비에게서 쫓겨난다

주린 배 움켜쥐고
대낮에 농장 강냉이 밭에 들어갔다
경비원에게 귀싸대기 얻어맞고
보안서로 끌려간다

달구지로 훔쳐 가는 사람도 안 들키는데
미련한 것 잡히지나 말지

하늘 선물

낟알 구경 못한지 벌써 며칠째
휘청이는 걸음 앞에 나타난 정체 모를 물건
호빗 자루 내 팽개치고
먹을 것만 골라 들고 줄행랑친다

쌀을 씻어 가마에 안치다 말고
이거 먹어도 괜찮을까
삐라에도 독이 묻어 손이 썩는다 했는데…

기진해 누워있던 아이들
밥 냄새에 벌떡벌떡 일어난다
어쩌다 명절에만 맛보던 흰쌀밥에 콩콩 뛴다

슬그머니 그곳에 다시 가보니
빗자루로 쓸어간 듯 흔적조차 없다

맨 나중 찢어진 풍선을 발견한 아줌마
세상에 이렇게 질 좋은 비닐이 어디 있담
창문 유리 대신해도 손색없겠어

비옷 대신 써도 끄떡없겠어

천리만리 달리는 소문
누구는 맛내기[8]를 얻었대
누구는 사탕가루[9] 얻었대
빨락 종이[10]에 싼 사탕과자도 있었대
딸라[11]도 있었대

내 앞에도 하나 뚝 떨어졌으면…

---

8) 미원.
9) 실탕.
10) 셀로판종이.
11) 달러.

제3부
백원의 가치

노동신문

싸구려 잎초에 없어서는 안 될
귀한 노동신문
얇고 부드러운 재질 탓에
잎담배 종이로 일품이다

1호 사진으로 도배한 노동신문
벽면에 발라도 훼손죄에 걸린다
아무짝에도 쓸모없던
날짜 지난 노동신문
장마당에서 불티나게 팔린다

담배 장사꾼의 배낭 속에 숨어들어
싹둑싹둑 잘려나간다
요리조리 뒤섞으니
1호 사진 감쪽같이 사라진다

잎담배 두둑이 말아 물고
연기를 뿜어내는 남정네들
털어놓을 수 없어 맺힌 응어리
후련하게 날려보낸다

부결되었습니다

이산가족 상봉이 방영되자
TV 화면에 바싹 다가가는 할아버지
가는 귀 갖다 대고 흐린 눈 고정한다
앵커의 한 마디에 가슴 졸인다

60년 전 그 모습 그대로
밤마다 찾아오는 어린 아들
다음번엔 내 차례가 오겠지

긴 시간이 흐르고
보위원이 전하는 뜻밖의 소식

죄송합니다
군수공장 출신이라 부결되었습니다

가슴에 번쩍이는 공로 메달들
뒷방 늙은이 신세 어언 이십여 년
기밀이 있다 한들
60여 년이 무색할 단 몇 시간

일곱 아들딸과
눈에 넣어도 아프지 않을 손자 손녀들
결코 가슴에 묻을 수 없는
서울의 핏덩이 아들

팔십의 노인
허연 머리 숙이고
막내딸 같은 옆집 여인에게
가만가만 하소연한다

기막힌 팔자

이산가족 상봉하고 돌아온 할머니

전쟁 때 죽었다던 내 동생이
남조선에서 잘살고 있었다네
총에 맞고 쓰러진 것을
자식 잃은 어느 어미가 아들로 삼았다네

갑자기 귓속말로 소곤소곤
내 평생 만져보지 못한
어마어마한 돈을 받았는데
외사과에 다 바쳤지 뭐야

먹여주고 입혀주고
동생네 줄 선물까지
내심 고맙게 생각했더니만 웬걸
그 돈에서 다 까더라고
남은 돈은 한 달에 한 번씩 찾아다 쓰라네

여태 전사자 가족 대우 받아

자식들도 줄줄이 좋은데 보내더니
죽은 줄 알았던 동생이 떡 하니 살아와서
돈다발까지 안겨 주질 않나

저 노친 팔자 한 번 기막히네

공화국의 법

가을에 두 배로 주기로 하고 꾸어 온
강냉이마저 바닥났다
산에 들에 풀이란 풀은 죄다 뜯어 보냈건만
마당 밭 감자는 이제야 콩알만 하다

가족들 토의 끝에
남은 식량 탈탈 털어
제대군인 두 형제 사금장으로 향한다

사금장은 이미 포화상태
웅덩이와 모래무지들 천지
진종일 모래를 파고 일어도
노란 비늘 하나 걸려들지 않는다

이틀째 헛물켜고 돌아가는
천근만근 발걸음
누렇게 뜬 가족들 얼굴이 아른거린다

도저히 빈손으로 갈 수 없는 막막함

그때 문득 나타난 송아지
눈빛을 교환하는 두 사나이
갈고 닦은 자력갱생의 혁명정신 발휘한다

쇠말뚝을 뽑아 쥐고
주인인 양 당당하게 걷는다
고개 한 번 틀지 않고
술렁술렁 따라오는 미물
외딴 등성이에서 송아지는 죽임을 당한다

소를 잡아먹으면 살인자와 같다
굶어 죽기 직전
농장 밭 강냉이 한 이삭 훔쳐도 죄인
민주주의 공화국법 지키는 사람
과연 있긴 있을까?

구들 농사

황해남도 봉천군엔 여태
에디슨의 혜택을 누리지 못하는
감나무마을이 있다

'고난의 행군'을 비껴가는 외진 곳
이 마을은 6·25도 모른다
이승만의 고향이라
폭탄 한 방 안 떨어졌다는 전언이다

아늑한 골짜기
가을이면 온 가족이 달라붙어
밤새워 감을 깎는다
나무 꼬챙이에 끼워 곶감을 만든다

복 받은 감나무마을에 평온이 깃든다
긴긴 겨울 밤 등잔 기름 아까워
해 떨어지자 잠 청한다

밝을 줄 모르는 새벽을 탓하며

구들 농사만 짓는다
집마다 아이들만 수두룩

백밥 먹는 꽃제비

늙은 엄마가 싸준
비닐에 꽁꽁 싼 흰쌀밥
꽃제비들 앞에서 펼치는 순간

야, 백밥이다!
너희들 먹어
그래도 돼요?
대장인 큰형이 냉큼 집어간다

샛노란 강냉이밥 앞에 놓고
빈 숟가락 입술에 대고
물끄러미 바라보는
네댓 살 사내아이들

저 아기들도 한 숟가락씩 주지
쟤네 우리 덕에 살아요
그렇지 동생들아!
백밥은 이 형이 먹는다!

땔감을 위해 높은 산 몇 개씩 넘나들고
어린 애들까지 챙겨야 하는
십대 안팎의 꽃제비들
강남제비처럼 날개가 없어
꽃제비 구호소에 머문다

한 번 나가면 다신 들어올 수 없다
옷과 신발 부식물은 자력으로 해결할 것
벌이에 나선 꽃제비들
낯선 외지인 물색하며 장마당을 순회한다

흰쌀밥을 선사한 덕분에
소매치기 당했던 돈주머니
그대로 되찾는다

제일 먼저 굶어 죽은 사람

계획경제 무너지고
하루아침에 사라진 배급
나라 재산보다 우선은 내 목숨
무슨 짓 해서라도 살아야 한다

노동자는 기계 뜯어 팔아먹고
운전사는 기름 빼서 팔아먹고
창고장은 자재 꺼내 팔아먹고
보일러공은 석탄 채서 팔아먹고
농민은 농장재산 훔쳐 먹고
날랜 놈 전깃줄 끊어 팔고
북부 철길 고철로 팔려나간다

인텔리의 자력갱생은
가지런히 꽂혀 있는 학술서적들뿐
그 귀한 책들도 예외 없이
장마당으로 향한다

한 장을 반으로 잘라

한 끼 먹을 고춧가루 반 술
한 번 먹을 사카린 예닐곱 개
꼬깃꼬깃 싸서
조런이 놓고 앉은 할머니들

책장을 통째로 팔아
한 끼 해결한 인텔리
펜대밖에 잡아본 적 없는 무력한 손
가만히 앉아 고귀한 죽음을 맞는다

유엔의 구호물자

홍수가 밀고 간 마을에
유엔의 구호물자 당도한다

한데 나앉은 사람들에게
얼마간의 식량과 생활필수품
꽃무늬 수놓아진 폭신한 담요 한 장씩

닿는 곳마다 넘실대는 탐욕의 손들
담요에 눈독 들인다
여기저기서 빼돌리고
네 식구에 두 장 받는다

구호 식량 떨어지자
생활필수품들 하나 둘 장마당으로 향한다
인기 품목 담요 한 장 팔아
몇 날 해결한다
며칠이 지나
남은 하나마저 강냉이와 바꾼다

다가오는 겨울은 어떻게 나지!

홍수에 떠내려간 사람들이
부러운 밤이다

진화하는 소매치기

양방향에서 들어오는 열차
조용하던 플랫폼이 북적인다
짧은 정차 시간 놓칠라
열린 문 찾아 줄달음치는 사람들

그 속에서 목표물을 발견한 소매치기
낟알이 가득 든 배낭 뒤에 찰싹 달라붙는다
아주머니, 뒤에서 밀어줄 테니 빨리 올라타소
여싸 여싸!

그러는 사이 다른 한 놈이
배낭 아래 빈 자루를 갖다 대더니
손바닥으로 한 번 쓱 문지른다
바늘도 들어갈 것 같지 않은 딴딴한 배낭
단번에 쭉 가르는 면도날

점점 홀쭉해지는 배낭
점점 불룩해지는 자루

두고 온 애들이 살아있길 바라는 걸까
악착같이 난간을 붙잡고 늘어지는 아줌마
등의 무게 느끼지 못한다
뒤에서 같은 패당들이 와와 밀어붙인다

안타까운 내 눈이 일당과 마주친다

어느 젊은 엄마의 섣부른 행동으로
등에 업힌 아기의 얼굴이
면도칼에 난도질 당했다는데

끔찍한 일을 상기하며
나는 황급히 그 자리를 피한다

복면강도

할매, 돈 있는 거 다 알고 왔거든?

톤 낮은 목소리의 강도
턱밑에 칼을 들이댄다

십 년 세월 한 푼 두 푼 모았다
보고만 있어도 흐뭇하고
굶어도 배가 부르던
낼모레 제대할 막내아들 장가 밑천

이불 쓰고 꼼짝 말고 있어!
돈다발 낚아채고
소리 없이 사라진다

숨 막히는 정적을 깨고
벌벌 기어 밖으로 나온 할머니
한 발자국 사이의 옆집 문
죽어라 두드린다

눈 비비며 나온 안주인
무섭게 먹어대는 아이들
식은 밥이라도 챙겨주던 고마운 할머니

안주인의 부축임 받아
옆집에 들어서던 할머니
기설하여 뒷걸음진다

천정에서 내려 온 바깥주인이
얼굴을 싸맸던 복면을
둘둘 풀고 있었다

백 원의 가치

'고양이 담배' 외에는
세우지 않던 고급 차도
교통안전원 무시하던 외제차도
길가에 늘어선 아줌마들
초상화 그려진 백 원 지폐 딱 들면
그냥 지나치는 법 없다

위대한 초상이 제일은 제일이다

거꾸로 대한민국

여기도 대한민국
저기도 대한민국
장마당에 대한민국이 넘쳐난다

국내산 중국산보다
훨씬 탄탄한 재질 덕분에
칭찬이 자자한 대한민국

급기야 금지 품목에 오른
대한민국 쌀 마대
보안원이 단속하기에 이른다

쌀장사 아낙네들 기발한 생각
대한민국 마대를 몽땅 뒤집는다
거꾸로 대한민국이 판을 친다

모르는 체 하는 건지
아니면 진짜 모르는 건지
보안원 그냥 지나간다

당상이 사라졌다

빨간 노동당기 배경의 초상휘장
권력과 부, 멋의 상징이다

동그랗고 네모난 초상휘장은
유행을 모르는 사람들의 전유물
공짜로 줘도 싫다

노동당기 초상휘장 300원
노동자 한 달 월급 60~70원
공공재산을 노리는 눈
암암리에 모여드는 젊은이들
도둑질 못 하는 게 바보다

이른 새벽
역 주변을 한 바퀴 도는 것으로
하루일과를 시작한다는 옆집 어르신
공원 근처 버스 정류장에서
밟히고 긁힌 각양각색 초상휘장
날마다 한 줌씩 주워온다

밀고 밀리는 사람들 속에서
요행 구둣발을 피한 당상이
내 왼쪽 가슴에 올라간다

어슬녘 집으로 가는 길
뒤에 오던 남자가 순식간에 나를 덮친다
엄마야!
곧바로 달아나는 젊은 총각

놀란 가슴 쓸어내리는데
당상이 사라졌다

개미들

윗동을 벗어 던지고
허연 PP마대 하나씩 걸머지고
길게 늘어선 공사장 일꾼들

개미 떼는 먹을 것을 지고 간다지만
노동자들 흙짐을 지고 간다
만년 둑을 한 치 한 치 쌓아올린다

붉은 진흙으로 다져진 넓고 깊은 수로
길을 잃어버린 아지랑이
땀에 쩐 개미들을 까맣게 태운다

껍질 벗겨진 등골로
건장마의 빗물이 흘러내린다

공장에 출근하면 배급이 없지만
공사장에 나오면 밥은 준다

멍멍이로 전락한 집안의 가장들

마누라 눈치 보다
흙 마대가 편하다

제4부

호랑이 가죽

배웅

십리 길 종종걸음 지쳐서인가
꼬리치며 까불던 검둥이
앞발 버티고 두 눈 껌뻑껌뻑
푼돈 챙기는 내 모습 갸웃이 바라본다

목줄을 거머쥔 사내의 손
싼값에 흥정한 흐뭇함도 잠시
뜻밖의 횡재가 날아갈까
빨리 사라지라 재촉한다

몇 발자국 옮기다 뒤돌아보니
촉촉한 눈빛이 여전히 나를 좇는다

주인이 고향을 뜨려 한다는 걸
목숨 건 탈출을 시도한다는 걸
이미 다 알고 있다는 듯

조용히 침묵하는 섬은 눈동자
물끄러미 나를 배웅한다

그들은 영예군인이었다

금강산청년발전소 건설장에서 왔다는
옷깃의 붉은 견장 그대로
농장의 알곡 창고에 무작정 쳐들어가
강냉이를 내놓으라 협박하며
문 앞에 퍼더버린
그들은 영예군인이었다

충성의 대가인 양
하루살이 잡상인들에게서
담배, 라이터를 하나씩 집어 들고
동정의 눈총을 받으며
느리게 지척거리는
그들은 영예군인이었다

맥 잘린 쓸모없는 바짓가랑이 하나
거추장스러운 듯 질끈 동여맨 사람도
바람에 너펄거리는 소매 개의치 않고
정강이가 없는 사람에게
서슴없이 등을 내댄 사람도

영예군인이었다

'차표' 대신 목발을 번쩍 든 사람도
뭉툭한 무릎으로 우뚝 선 사람도
남은 어깨와 다리 하나씩 내어준 사람도
백 원짜리 흔드는 아주머니들 밀어내고
도로를 가로지른 그들은
그 칭호도 고귀한 영예군인이었다

고막이 터질 듯 경적소리도
그들 앞에선 기가 꺾였고
설 듯 말 듯 요리조리 피해가던 화물차도
그들 앞에 속절없이 멈춘다

목적을 알 수 없는 적재함의 사람들
한 덩어리 되어
육체의 한 부분 조국에 바친
영예로운 장애인들 싣고 떠난다

성한 사람도 굶어 죽는 세상
꿈에 그린 고향도 품어주지 못했다
영예군인 공장도 문을 닫았다
달리 없는 인생들은
남은 육신을 휘두르며
세상을 향하여 무언의 외침을 보낸다

내 팔 내 다리 내놔.

심증은 있고 물증은 없다

아침에 눈 뜨니
가마가 감쪽같이 사라졌다
눈 비비고 다시 봐도 없다

도둑이 밤사이 내 집도 다녀갔다
냄비 하나라도 놔두고 가지……

나도 모를 푸념 늘어놓으며
아침도 굶은 채 장마당에 달려간다

가마 장사꾼 하는 말
새벽 4시, 국수 받으러 나온 사람들 앞에
까맣게 그을린 가마를 들고 나타난 군인들
아줌마들 도리질하자
어디론가 급히 사라졌다는 이야기

새 가마는 턱없다
돈주머니 탈탈 털어
작은 냄비 하나 사 들고

터벌터벌 돌아오는 외통길
딱 마주친 막냇동생 같은 군인
눈 둘 데를 못 찾는다

틈만 나면 찾아와
누나라 따르던 군인
내 밥을 반 덜어
허덕이는 맘 채워주었다

설마!

창문 승차

1.
굶주린 손들이 모조리 뽑아갔나
유리 없는 열차 창문으로
목 빼들고 내다보는 얼굴들
영사기 필름마냥 눈앞을 스쳐간다

열차 지붕 꼭대기 군데군데
웅크린 무리들도 보인다
기름때가 덕지덕지 앉은
객차 밑 공구함은 꽃제비 특등석이다

등 터지고 옆구리 터지고 배 터진 열차
활짝 열어젖힌 열차 문 계단에
손잡이에 온몸을 지탱한 채 위태롭게 매달린 사람들

뻣뻣하게 굳어가는 다리 달래느라
발 하나 살짝 들었다가
순식간에 외다리 신세가 되고

악에 받친 사람들
자리다툼이 시작된다

2.
신혼인 듯 젊은 여자
남편 손에 이끌려
열차 지붕 위로 기어오르고

나는 노둔한 엄마를 끌고
이 창문 저 창문으로 뒤뚱거린다
몸보다 무거운 낟알 배낭
나를 좌우지한다

군대 삼춘, 나 좀 태워줘요!

창문에 걸친 다리 흔들거리며
사람 구경 신났던 젊은 군인
얼결에 내 눈과 마주친다

울음을 삼켜버리는 기적소리
군인 둘이 나를 끌어 올린다
발등을 밟았다고 아우성치는 사람들

연거푸 울리는 기적소리
열차가 움직이기 시작한다

우리 엄마 못 탔어요!

세상 풍파 다 이겨낸 환갑의 노인
만발한 검버섯이 일그러진다
가여운 눈빛이 파들거린다
맞잡은 딸의 손 놓을 수 없어
몇 발자국 따라오던 엄마가 휘청거린다

아찔한 순간, 지켜보던 군인
엄마의 팔죽지 있는 힘껏 잡아챈다
비명의 노인을 대롱대롱 매단 채
열차는 점점 속력을 낸다

급기야 젊은이 늙은이 힘을 합쳐
엄마를 끌어당긴다
승객들 머리 위로
사지를 뻗은 채 뿌려진다

곡절 많은 사연들 담은 기적소리
멀리멀리 메아리친다

신통방통 군인 요법

며칠째 이어지는 편도염
바닥난 식량
배고프다 칭얼대는 아이들
누워 앓을 수도 죽을 수도 없다

칼바람이 판을 치는 화물자동차 꼭대기
정통편을 연속으로 삼켜도
고열에 들뜬 몸 식을 줄 모른다

동정의 눈길을 보내던 이십 대 초반의 군인
볶은 강냉이를 대충대충 씹어
한입 가득 물고 단번에 삼키면
삐죽삐죽 날 선 강냉이가
목구멍을 긁어주어 저절로 완치된다네

스스로 제 몸을 지켜야 하는
일선의 군인들이 터득한
황당하기 그지없는 군인 요법

지푸라기 잡는 심정으로
그날 저녁 숙박 집에서
딱딱하게 굳은 강냉이밥
꾸역꾸역 밀어 넣는다

꺼칠꺼칠한 씁쓸한 시래기와
뚜글뚜글한 강냉이 쌀
침도 거부하던 목구멍이
꿀떡꿀떡 받아넘긴다

하늘이 감동했나
아침에 일어나니
거짓말처럼 목이 가라앉았다

열차 브로커

시루 안의 콩나물처럼
까딱 움직일 수 없는 승객들
발을 동동 굴러도
눈 감고 입 다물고 고개 돌린다
사람단련에 이골이 난 열차원은
그림자도 안 보인다

호루라기 소리와 함께 열차가 떠난다
가족의 목숨을 걸머진
망부석 같은 배낭이 야속하기만 하다
열차가 또 온들 무슨 수로 타랴

군인에게 부탁할걸
열차원 찾다가 기차를 놓쳤다는
어느 아줌마의 푸념

며칠 동안 무소식이던 열차가 또 들어온다
마치 당신을 기다리기라도 한 듯
문 열어젖히고 손짓하는

솜털이 보르르한 군인에게
무턱대고 달려가는 두 여인

배낭 좀 들어줄래요?
얼마 줄 거야?
오십 원
아니
그럼 백 원?
배낭 하나에 백 원씩 이백 원

도리질하는 아기 엄마들
기적소리 울리고
군인들 멋대로 문을 닫는다

동시에 터지는 고함소리
이백 원 줄게요!
마지막에 딴소리하기 없기야

매일 같이 장사 떠난 엄마를

목 빠지게 기다리는 애들에게
일 원짜리 막대 사탕 하나
맘 놓고 못 사주는데

달달 떠는 손앞에
타협을 모르는 군인들
배낭을 밖으로 던져버린다
협박한다

선의도 악의도
합법도 불법도 아닌
범벅이 세상
어느 누가 이들의 잘잘못을 따지랴

땅속에 묻힐 행운

제일 높은 산꼭대기 통신 분대의 근무지
본대에서 쌀과 소금만 받아 오고
나머지는 자력갱생으로

분대장의 명령 받은 두 병사
마을로 내려온다
그들의 임무는
돼지 한 마리 슬쩍 해오는 것

잠에 곯아떨어진 민가의 돼지
머리 썩둑 잘라버리고
배를 쭉 갈라 내장 쑥쑥 꺼내버리고
반으로 잘라 하나씩 둘러메고
이번에도 완벽하게 임무를 수행한다

다음 날 아침
갑작스레 들이닥친 철수 명령

인민재산 훔친 죄

십 년 복무 끝에 당증도 못 멜 수 있다
인계할 수 없는 비밀
땅에 묻어버린다

아무래도 죽을 운명인 이 돼지
고이 땅속에 묻힐 행운은 타고났나 보다

고양이와 생선

한밤중 지붕 위를
살금살금 기어가는 도둑고양이 한 마리

기왓장을 들추고
널빤지를 뜯어내고
생선이 그득한 창고에서
대어 한 마리 낚아 올린다

간밤에 문 두드리는 소리
군량 창고 지키는 군인
40킬로 쌀 마대 멨다꼰진다

젊은 애기 엄마
단잠 깨우는 익숙한 소리
매일 밤 기다린다

열 마대나 사라진 후에야
마대 숫자 확인한 창고장
애꿎은 분대장의 눈에 번갯불이 인다

덩치 큰 도둑개들에
문 활짝 열어놓고 도둑맞고
이래저래 병사들 밥그릇만 줄어든다

간땡이 큰 도둑고양이 오늘도
생선이 그리워 잠 못 이룬다

그들이 살아남는 방식

허리춤 부여잡고
풍작을 바라보는 농민들
군량미 걷어가기 전
내 집 곳간부터 채워야지 다짐한다

먼저 가져가는 게 장땡
주는 것만 바라다 또 굶을 순 없지
경비꾼과 짜고 친구와 짜고
미리미리 차곡차곡 계획 세운다

뛰는 놈 위에 나는 놈 있다
군대가 밭을 지키러 왔다
날 강냉이 한입 물고
총 맞고 쓰러진 꽃제비

하루 일 끝내고 집에 가는 농민들
돼지풀 바구니와 주머니
일일이 뒤지는 군인들
밤이 되자 총대 거꾸로 멘다

부대장에 자동차로 갖다 바치고
장사꾼들 밭으로 불러들이고
이삭 채로 마대 채로 팔아
제 주머니 채운다

호랑이 가죽

어느 은행장을 태운 승합차
고갯마루에서 잠시 숨을 고르는데
갑자기 시커먼 호랑이들이 튀어나온다
급한 환자가 있으니 신세 좀 집시다

문을 여는 척 잽싸게 몸을 사린 운전사
전속력으로 달아난다
풍채 좋은 여지점장이 심하게 질책한다
지금 뭐 하는 거야?

저 새끼들 말 곧이듣지 마세요
여차하다 돌 탕을 맞을 수 있단 말입니다

아픈 사람 있다지 않아
내 아들도 어디서 저러고 있을 것 같아서 그래

여지점장의 간청에 유턴하는 승합차
아픈 사람 어디 있어요?
여기서 제일 가까운 병원이 어디예요?

와중에 인심 후한 아줌마가
은행지점장장이란 걸 알게 된 군인들
말쑥한 군복 속 칼날이 번뜩인다

한적한 도로 위
군인 셋이 일제히 앞좌석을 덮친다
얼마 전 호랑이 가죽[11]을 벗은
특수부대 출신 운전사도 꼼짝없이 당한다

잠시 후, 맥없이 늘어진 지점장의 손에서
묵직한 가방을 뺏어들고
유유히 사라지는 호랑이들

침침한 하늘이 조용히 내려다본다

---

11) 군복-선군정치 아래 부소불위의 권한을 행사하는 군인을 빗댄 말.

애국 돼지

일 년 내내 농장 일에 시달리고
풀 뜯어 보태면서
어렵게 키운 돼지
공짜로 군부대에 바쳐야 하는 농가들

노동당원이 되기 전에는
절대 시집 안 간다는
당원이 아닌 아버지를 둔 분조장 처녀

죄인이 된 부모는 울며 겨자 먹기로
제일 먼저 애국돼지를 바친다
당원증이 그리 값싼 물건이더냐
한 마리로는 어림없다

애국 따윈 개한테 줘버린 현명한 농민들
지원 돼지로 명분이 바뀐다
집마다 돼지고기 계획량이 할당된다
알곡 계획 총화 짓기 전
돼지고기 계획부터 따진다

충성을 아첨하는 농장 간부들
농가의 의지와는 상관없이
그들의 식량을 퍼주고
군인 가족들 돼지를 야매로 사들여
모자라는 계획을 달성한다

군인 가족 창고에 쌓인 농민들 식량
봄이면 거덜 나는 농민들 밥상
가을에 두 배로 주기로 하고
자기네들 식량을 찾아온다

하늘이 풍작을 안겨줘도
이자까지 주고 나니
또다시 텅 빈 쌀독

제5부

연장전

나도 사람이었구나!

동틀 무렵, 인천공항에 첫발을 딛는다
우리 이젠 다 온 거야?
또 안 가도 되는 거야?
그래, 이제는 도망 다니지 않아도 된단다

깡충거리는 아이들 등에서
때 묻은 가방이 춤을 춘다

정장 차림의 신사가 반긴다
어서 오세요
잘 오셨습니다
대한민국에 오신 걸 축하드립니다

왈칵, 눈물이 쏟아진다

주린 창자 움켜쥐고 강을 넘었다
인신매매에 팔려 농락당하고
죽도록 일하고 돈 한 푼 못 받고도
신고한다는 한마디에 줄행랑쳐야 했다

꿈속에도 쫓아오는 공안
포승줄에 줄줄이 엮여 고향으로 끌려갔다
중국새끼를 뱄다고
태아가 피를 토할 때까지
구둣발에 차이고 각목으로 맞았다

나라를 배신했다는 죄목으로
지렁이처럼 밟히고 죽어간 사람들
압록강 두만강을 떠도는 영혼은 얼마이고
메콩강을 맴도는 붉은 영혼은 또 얼마일까

밥걱정 없는 세상에
어서 가라 등 떠밀던
어둠 속 엄마의 모습이 앞을 가린다

벚나무는 아무것도 모른다

벚나무도 국적이 있었던가
40여 년 동안 한 번도 본 적 없는
가지마다 소복소복 내려앉은 벚꽃

벚나무도 대동아전쟁에 참여했던가
봄이면 제일 먼저 찾아와
세파에 얼어든 가슴 녹여주는
솜처럼 포근한 꽃

벚나무도 신사참배에 동참했던가
해방 직후 모조리 베어졌다는
내 고향 북녘의 벚나무들

산들바람 불어오면
축복을 내려주는 벚꽃
세상 시름 다 날려 보낸 듯
벚꽃 터널 속에 웃음소리 가득하다

서울

웅장한 그늘에 짓눌려
옹기종기 꿈틀대는 골목
우불구불 허공을 가로지른 검은 줄 타래
얽히고설킨 굵고 가는 선들 힘을 합쳐
주인 잃은 동네를 지탱한다

깨지고 터진 우둘우둘 외통길
크고 작은 쓰레기더미들
그 사이를 오락가락
주인을 찾아 헤매는 검은 비닐봉지
회오리바람을 타고 날아오른다

흙탕물을 머금은 양철지붕 아래
부화한 껍데기뿐
삐걱삐걱 안부를 전하던 문짝
자석에 붙은 듯 움직이지 않는다

하늘이 빼꼼히 얼굴을 내밀자
죽은 듯 꼼짝 않던 왕거미

부스스 일어나 그네를 탄다
푹 꺼진 초점 없는 눈
이쪽을 응시한다

여기가 한강의 기적이 일어난 곳이다

북쪽 여자

함경도에서 나서 자란 그녀
죽기 전 소원은 평양 한 번 가보는 것
서울시민이 되고
서울 구경 나선다

차창 밖으로 흘러가는 높고 낮은 아파트
알록달록 크고 작은 간판에 가려진
멋을 잃은 빌딩들
도로에 늘어선
종류를 셀 수 없는 자동차들

거북이걸음인 버스에서 내려
지하철 입구에 선다
에스컬레이터 앞에서 주춤한다

쉼 없이 생성되는 계단
줄지어 내려가는 사람들
조용한 틈 타 슬쩍 한발 내 짚으려다
움츠리기를 몇 번

꼬마들도 잘만 가는데
두만강을 건너온 그 정신은 어디 갔을까

용기 내어 훌쩍 건너뛴다
균형 잃고 휘청거리다
뒤에 오던 남쪽 남자 품에
덥석 안겨버린다

연장전

아시안게임 축구 결승전
한 민족 두 나라의 대결
남북한 축구가 시작된다

남한 선수가 중거리 슛을 날린다
경기장에 울려 퍼지는 함성
역시 대한민국이야

또다시 터지는 함성과 탄성
틈새를 노린 북한의 공이 골대를 살짝 빗나간다
조금만 더 안쪽으로 차지……

이어지는 연장전
마지막 일 분을 남겨두고
남한 선수의 공이 골문으로 빨려 들어간다

나도 모르게 벌떡 일어나
두 손 들고 환호한다
긴 휘슬이 울리고

털썩털썩 주저앉는 북한 선수들
주먹으로 눈물을 닦는다

내 손이 갈 곳을 잃는다
금메달은 중요치 않다
남한과 맞대결은 무조건 이겨야 한다

저들은 사상투쟁의 무대에 서게 될 것이다
전면적인 검토를 다시 받아야 할 것이다
꼬투리 하나라도 잡히면 어쩌나
축구단에서 쫓겨나진 않을까!

얼싸안고 돌아가는
남한 선수들이 미워진다

내 고향은 부산보다 가깝다

잡동사니들 속에 숨어든 원숭이 손
어깨 너머 옷깃 속에 쑥 들이밀고
등을 긁적거려본다

강냉이송치를 꼬챙이에 끼워
등짝을 벅벅 문지르던 어머니
거죽만 남은 살을 열심히 갉아먹는
날을 세운 빈 둥지들

허연 살비듬과 검붉은 딱지 우수수 떨어진다
휘어진 등골을 따라
새롭게 그어지는 붉은 선들

어머니는 새 송치로 갈아 끼운다
내 손은 일찌감치 물린다
아서라, 이게 제일이다.

처마 끝에 매달린 송치 타래
어머니의 둘도 없는 효자

봄이 오기 전 흔적 없이 사라진다

내 손이 못 가는 그 곳
막힘없이 가는 효자손
철조망 넘어 긴 팔을 뻗으면
홀로 남은 어머니에게 가닿을 수 있을까!

내 고향은 부산보다 가깝다

만원입니다

까만 유리벽의 고층 건물
빙글빙글 돌아가는 회전문
호기심에 앞서는 두려움
앞사람의 뒤를 바싹 따라가다
문 사이에 덜컥 끼어버린다

강제로 작동을 멈춘 문
가슴을 짓누르는 압박
숨 막히는 시간이 흐른다
순식간에 사람들 모여들고
억센 사나이의 도움으로 빠져나온다

아픔보다 더 뜨거운 얼굴
엘리베이터 문이 열리고
빼곡하게 들어찬 사람들 사이로
한발 올려놓는데

'삐'
'만원입니다'

버스도 천 원인데
홀로 탄 택시도 아닌데
계단 몇 개 올라가는데
만 원이라니!

아흔 살 아이

허둥대던 눈빛이
탁상의 과자에 꽂힌다
어깨 사이로 깊숙이 파고든
늘어진 주름은 결코
과자를 물고 놓지 않는다

초면의 버릇없는 카메라도
형님을 빼닮은 조카의 눈물도
안내자의 점잖은 만류도
과자로 향하는 손 막지 못한다

백발의 아들 얼굴 쓰다듬는 휠체어 노인
치매 부모 껴안은 딸의 통곡 소리
어깨 맞잡고 꺽꺽 흐느끼는 형제
누렇게 구겨진 사진 한 장에
70여 년의 한을 쏟아내는 할머니

조카의 입을 통해 그려지는
자나 깨나 그리던 고향 소식

눈길 한 번 주지 않는 아흔 살 아이
기계처럼 움직이는 손과 입

하얀 접시가 바닥을 드러낸다

옆 테이블 넘겨다보는
우묵하게 반짝이는 눈
턱밑까지 들이대는 마이크

시간을 알리는
사회자의 목소리 위로
손가락 빠는 소리
가락 맞게 울려 퍼진다

지렁이

햇볕을 받는 순간
죽음을 의미한다는 걸 알지만
불지옥으로 변한 보금자리
더는 버틸 수 없다

보도블록 틈새로
긴 몸뚱이들 꾸물꾸물 기어 나온다

저기, 저 선만 넘으면 그늘이다
사력을 다해 기어가지만
한 뼘도 못 가 늘어진다

꿈틀꿈틀 온몸을 뒤틀 때마다
악착같이 들러붙는 모래 알갱이
미끈하던 몸이 꾸덕꾸덕 말라간다

내리쬐는 한낮의 보도블록에
구부러진 막대기들 즐비하다

행여 발끝에 닿을라
지나는 사람들 몸서리친다

지옥에서 태어난 게 내 죄는 아닌데
색안경 낀 차가운 시선들
너무 따갑다

지나간 공산주의

달마다 주는 배급
거치는 손마다 떼먹고
절약미 명목으로 떼이고
닭 모이 같은 배급 자루

서른 몫으로 나누고
그 한 몫을 숟가락으로 되질하여
또 세 개로 나눈다
매일 매끼 정해놓은 양 외에는
더도 덜도 안 먹어도
좀처럼 맞출 수 없는 배급 날짜

간부의 특권은 못 누려도
며칠을 쫄쫄 굶어도
기다리는 그 날들이 행복했다

된장 간장만 공급하는 식료상점
도토리 된장마저 떨어졌다고 투덜대던
그 시절을 그린다

사회주의 종국적 승리는 공산주의
골고루 잘 사는 사회는
이미 소리 없이 지나가 버렸다는
장마당 아줌마들 우스갯소리

날라리 수정주의 몰아내고
우리식 사회주의 지켜내자
곳곳에 나붙은 구호

뼛속까지 사회주의 체험한 사람들
자본주의든 사회주의든
밥걱정 안 하는 세상이면 좋겠다

그리운 손맛

냉면이 너무 먹고 싶어 고향을 찾았다
어릴 적 그대로인 나의 고향 집
아궁에서 불이 활활 타오르고
부지깽이로 불길을 다스리고
설설 끓는 가마에 국수를 데쳐내는 울 엄마

휘휘 찬물에 헹궈낸 매끄러운 강냉이 국수
아버지가 공들인 땅속 자연 냉장고
할머니에게서 물려받은 아름이 넘치는 독
코끝까지 짜릿한 김칫국물에 말아 낸
엄마의 손맛

후루룩후루룩 한 그릇 뚝딱 해치우고
간에 기별도 안 갔다는 내 동생
평양의 옥류관 저리 가란다
피로를 날려 보내는 엄마의 웃음

하루 일 끝낸 늦은 저녁
두리반에 둘러앉아 도란도란

일곱 식구 즐겨 먹던 우리 집 냉면
혀끝에도 못 대보고 잠에서 깬다

표류

꽃다운 심청이에
인당수는 금세 잔잔해졌다는데
짠 내 진동하는 어부들
무더기로 바다에 던져져도
성난 파도는 잠재울 길 없다

고향 앞바다를 붉게 물들인 오성홍기
자력갱생의 구호
정든 어장을 내주고
대양 한가운데 뿌려진 파리들

폭풍이 지나자
할딱거리던 엔진이 잠잠해진나

용왕의 선처인가
물고기 밥 신세를 면한 어부들
칠성판을 등진 채
파도를 타고 누울 곳을 찾아다닌다

그제도 여덟 구를 발견했다는데
어제도 여덟 구가 떠내려왔다

오늘은 백골 네 구를 실은
목선 「689 63275」호가
자유를 찾아왔다

수기

자유

 나는 1965년 8월, 북한 어느 탄광마을에서 다섯 남매의 셋째로 태어났다. 내가 다섯 살 때 아버지께서 광차에 깔리는 큰 사고를 당하셨다. 그 일을 계기로 아버지는 군당, 도당을 거쳐 중앙당까지 찾아다니는 우여곡절 끝에 가족을 끌고 탄광을 빠져나오게 된다.
 그 후 우리 가족은 외가가 있는 평안남도의 어느 농장에 자리를 잡게 되었다. 나는 그곳에서 인민학교, 중고등학교를 거쳐 사회에 나오게 되고 결혼도 하고 두 자녀를 둔 부모가 되는, 인생의 전반을 보냈다.
 사회주의 체제하에서 사십 년을 살아온 나는 2005년 8월, 그 땅에서의 삶을 끝장내고 탈북을 감행하였다. 철저한 세뇌 교육의 '수혜자'로서 북한을 탈출한다는 것은 죽음을 각오하지 않고서는 결단을 내릴 수 없는 일이었다. 부모 형제를 떠나 기약할 수 없는 길, 민족반역자로 영영 매장될 수도 있는 위험천만한 길을 선택하기까지의 사연을 다 적을 순 없다. 다만 남한에 적응하는 과정에 가장 가슴에 와닿은 '자유'에 대해서만큼은 꼭 이야기하고 싶다.

속담에 호랑이는 죽어서 가죽을 남기고 사람은 이름을 남긴다고 했다. 북한에서는 이 속담조차 정치적 용어로 활용한다. 당과 수령을 위하여 목숨도 서슴없이 바치는 것, 당과 인민의 기억 속에 영원히 살아있는 것, 이것이 곧 영생하는 정치적 생명이라 한다.

북한사람은 태어나는 그 순간부터 육체적 생명과 정치적 생명을 동시에 갖게 된다. 육체적 생명은 부모가 주는 것이고, 정치적 생명은 당과 수령이 주는 것이라고 한다. 하지만 정확하게는 정치적 생명도 부모에게서 물려받는다. 생명을 준 아버지의 성분에 따라 자식의 정치적 운명도 정해지기 때문이다.

나는 인민(초등)학교에 입학하여 아홉 살이 되는 2학년 때 조선소년단에 입단하였다. 소년단에 입단하는 순간부터 모든 사람의 정치적 생명은 정체성을 띠게 된다. 어린아이들이 매주 토요일이면 소년단 조직생활총화에서 자기비판과 호상비판(친구의 잘못을 지적하는 것) 하는 법을 배우기 시작한다.

자기비판을 먼저 하고 호상비판을 한다. 만약 자기비판에서 일주일간의 잘못 중 어느 한 가지라도 빼먹으면 다른 학생으로부터 호상비판을 받게 된다.

생활총화 시간에는 담임교사도 지도교사로서 빨간색의 소년단 넥타이를 매고 참여한다. 토요일이면 수업은 두 시간만 하고 생활총화를 진행한다. 초중고교를 졸업할 때까지 수업이 일찍 끝나는 토요일의 즐거움을 단 한 번도 느껴보지 못했다. 그만큼 생활총화라는 압박감이 어린 학생들의 마음을 짓누른다.

이렇듯 북한사람은 어려서부터 조직이라는 울타리 안에 자기도 모르게 갇히게 된다. 자유를 느끼기 전에 사회적 존재로서의 정치적 생명이라는 올가미에 북한인민 전체를 옭아매는 것이다.

인민학교 때는 너도나도 앞 다투어 자기비판과 호상비판에 참여한다. 하지만 학년이 올라갈수록 서로 눈치만 보고 몸을 사린다. 이렇게 되면 담임교사가 지명해서 자기비판을 하도록 강요한다.

학교를 졸업하고 어느 순간 생활총화가 유치하다는 생각이 들었다. 다른 이들도 모두 똑같은 생각이었다. 한마을에 살지만 각자 소속이 다르니 오랜만에 모이면 잡담이나 나누면서 생활총화는 안중에도 없었다. 윗선의 검열에 대비해 기록을 남겨야 하는 초급단체위원장이 어쩔 수 없이 종이에 적어내라고 간청하는 정도였다. 충성스런 초급단체위원장의 경우는 좀 달랐지만, 담임교사만큼의 위력은 없었다.

농민을 얕잡아보는 시선은 참기 어려웠지만 무난한 조직생활은 농촌이 좋았다. 농장에 나와서부터 생활총화의 스트레스에서 벗어난 셈이다.

중학교 4학년인 열여섯 살이 되면 사회주의청년동맹에 의무적으로 가입하고, 열여덟 살에 공민증을 받게 되면 당원이 될 자격이 주어진다. 물론 당원은 의무가 아니다. 청년동맹이나 농업근로자동맹(농근맹), 직업총동맹(직맹)원 중에서 열성분자로 뽑혀야 노동당원이 될 수 있다. 성분이 좋으면 별다른 성과가 없어도 당증 메는 것은 식은 죽 먹기다. 하지만 토대가 나쁜 사람들은 남들보다 몇 백배로 노력해도 될까 말까다.

가정주부들의 생활총화가 더 빡세다는 말이 있다. 전업주부가 무슨 생활총화냐 하겠지만, 여성동맹에 가입되어 강연회, 학습회, 농촌동원, 외화벌이 등 공적으로 해야 할 일이 한두 가지가 아니다.

각 동맹에 가입하여 조직생활을 한다고 해서 정치적 생명의 비중이 같은 것은 절대 아니다. 성분이 문제가 되어 노동당원이 될 수 없는 사람들의 정치적 생명은 없다고 봐야 한다. 여성도 사회적 지위를 갖자면 물론 노동당원증이 뒷받침되어야 하지만, 남편의 그늘 밑에 가려진 여자, 즉 가정주부에게 당원증은 의미가 없다.

가장인 남자는 다르다. 아버지가 당원이 아니라면 아이들도 위축되기 마련이다. 오죽하면 '고난의 행군' 시기 당 비서를 돈으로 매수하여 입당한 사람들이 있을까!

사회주의 계획경제가 무너지고 자연스럽게 자본주의 시장경제가 도입되면서 돈이 당원의 가치를 뛰어넘었다. 90년대 들어서면서 사람들의 가치관이 많이 바뀌긴 했어도, 그 땅에서 살아남으려면 남자에게 당원증이 필수조건이라 해도 과언이 아니다.

학교에서 가족관계를 조사할 때면 나는 늘 쥐구멍에라도 들어가고 싶은 심정이었다. 가족관계에는 아버지 어머니의 출신성분, 직업, 정당 관계 등을 적어내야 한다. 사십여 명 되는 반 애들 가운데서 아버지가 노동당원이 아닌 사람은 불과 열서너 명 정도나 되었을까, 나는 아버지가 노동당원이 아니라는 사실이 너무 창피했다.

우리 집은 토대가 좋지 않았다. 할아버지는 해방 후 지방 어느 읍의 천도교 청우당 선전부장을 지냈다고 한다. 공산당의 정책에 반발한 청우당원들이 폭동을 일으키려고 모의를 하였다. 하지만 이 사건은 사전에 발각되어 피의 숙청으로 이어졌다.

당시 자전거를 타고 다니며 장사를 하시던 할아버지는 읍내에서 모르는 사람이 없었다고 했다. 더구나 술을 좋아하셔서 사회지위를 막론하고 공산당원과도 함께 어울리며 술을 마셨다. 이를 께름하게 여긴 당원들이 할아버지를 그 모의에서 제외한 덕분에 목숨을 부지할 수 있었다.

할아버지는 6·25 때 치안대에도 가담하였다. 치안대는 그야말로 악질 반동분자로 분리된다. 치안대에 가담한 사람도 자의인가, 타의인가 두 부류로 나뉘는데 할아버지는 다행히 강요에 의한 것으로 판별이 났다. 운명의 도움인지 공산당원을 잡으러 갈 때마다 국방군(남한군)들로부터 도장을 새겨 달라는 부탁을 받았다고 한다. 난리 통에 도장을 미처 챙기지 못한 국군들이 봉급 받는 날이 되자 부탁을 해왔다. 치안대장이 집에까지 찾아와 당장 나오라고 했지만, 국방군이 "어이 치안대장, 오늘 이 사람 내가 좀 써도 되지?"라고 하면 치안대장도 어찌지 못했다. 그 덕분에 공산당원을 잡으러 가는 일은 한 번도 하지 않았다고 한다.

아슬아슬하게 위기를 모면했지만, 그 후 우리 가문은 동요계급으로 분리되어 차별을 면치 못했다. 적대계급은 지주나 자본가, 반동분자 즉 치안대에 가담했던 사람들이 속하는데 이들은 추방대상이다. 동요계급은 위기가 닥쳤을 때 변절하기 쉬운 사람들이라는 뜻으로 풀이된다.

학교에서 배운 대로라면, 어머니 당이라 칭하는

노동당은 과거를 묻지 않는다고 했다. 누구라도 당을 위해 충성하면 당원이 될 수 있다고 하였다.

나의 아버지는 노동당원에는 털끝만큼도 관심이 없었다. 직속상관의 말이나 행동이 사리에 맞지 않으면 참는 법이 없었다. 이런 사람을 좋아할 간부는 그리 많지 않았다. 아버지는 다른 직장이나 작업반으로 자주 옮겨 다녔다. 말썽을 피워도 타고난 손재주로 아버지를 마다하는 사람도 없었다.

하지만 나는 이런 아버지가 너무나 싫었다. 한곳에서 꾸준히 성실하게 일하면 어머니 당에서 알아주고 인정받게 될 것이다. 조금만 노력하면 얼마든지 당원이 될 수 있을 거라 철석같이 믿고 있었다.

중고등학교를 졸업하고 사회에 나와서도 나의 이 생각은 변하지 않았다. 학교의 추천으로 지방 사범대학에 갔으나 시험에서 떨어진 나는 별 볼 일 없는 아버지 때문에 대학에도 못 갔다고 생각했다. 우리 집 토대로 볼 때 대학 추천을 받았다는 것만으로도 과분한 일이었던 것이다.

결국 나는 농민인 아버지의 뒤를 이어 농장원이 되었다. 태어날 때부터 정해진 운명에 순종할 수밖에 없는 비구조적인 사회는 꿈이라는 걸 가져볼 기회조차 박탈한다.

졸업을 앞두고 아주 잠깐 앞날에 대한 생각을 해본 적이 있었다. 학급 전체가 농촌에 집단진출하여 청년작업반, 청년분조의 열풍이 한창이던 시기라 청년분조원이 되어 당원도 되고 농업대회도 참가하고 기념촬영도 하고, 당에서 인정받는 사람이 될까! 이것이 바로 세뇌교육의 결실이다.

　농장에 나온 후 동창생 아버지인 리당비서의 추천으로 양성소를 수료하고 유치원 교양원이 된 것은 더없을 행운이었다. 농장에서는 리당비서의 말이 곧 법이다. 모름지기 먼저 농장에 나와 분조장 업무를 완벽하게 성실히 수행하는 언니의 영향을 받았을 것이다.

　두 아이의 엄마가 된 후 들이닥친 '고난의 행군'은 나의 가정을 여지없이 파경으로 몰아갔다. 남편은 온다간다 소리 없이 집을 나갔고, 나는 아이들을 끌고 친정으로 올 수밖에 없었다. 알뜰한 엄마 덕에 그나마 형편이 조금 낫다는 친정도 풀범벅으로 하루하루 연명하는 수준이었다. 가정을 이루고 부모님 댁에 함께 살던 남동생은 이렇게 쳐들어오면 다 같이 죽을 셈이냐고 야단을 쳤다. 이러지도 저러지도 못하고 엄마는 속만 까맣게 태웠다.

　그때의 심정을 무슨 말로 다 표현하겠는가. 울기만 하는 나를 바라보며 아버지께서 남동생에게 말씀하셨다.

　"예로부터 여자는 팔십이 돼도 시집갔다 도로 오면 친정으로 오는 법이야. 너에게 얹혀사는 것 같지만, 이 집의 세대주는 아직도 나야."

 말씀이 약간 굳은 편인 아버지께서 나직하나 또박또박 하시던 이 말씀은 아직도 내 귀에 쟁쟁하다.

 단언컨대 나는 아버지에게 한 번도 살가운 정을 느껴본 적 없다. 낳아주시고 키워주셔서 감사하다는 마음은 털끝만큼도 가져본 적 없었다. 아버지의 그 말씀에 난생처음 아버지가 계셔서 다행이라는 생각이 들었다. 하지만 존경의 마음까지 생긴 건 아니었다. 당과 수령에게 충성해야 한다는 것은 뼛속 깊이 사무쳤어도, 정작 추울세라 더울세라 나를 먹여주고 입혀주고 품에 안아 키워준 부모님에게 효도하라는 교리는 어디서도 들은 적 없었다.

 그러나 아버지에 대한 미움이 사라진 건 이때부터였던 것 같다. 돌이켜보니 아버지의 일생은 자식들의 배를 곯리지 않기 위한 피나는 노력이었다. 직장을 옮기신 것도, 커가는 자식들을 보면서 조금이라도 더 벌어야겠다는 마음에서 출발한 것이었다.

 아버지가 돌아가신 지 이십 년이 흘렀다. 암에 걸렸어도 치료 한 번 받아보지 못하고 가셨다. 다문 한 달이라도 입원해서 치료를 받아보자는 자식들의 간청도 거부하셨다. 터무니없이 비싼 약값으로 인해 자식들이 겪어야 할 고통을 누구보다 잘 아셨던 것이다. 목을 점점 조여 오는 암 덩어리보다 차디찬 쪽방에서 애들과 함께 덜덜 떠는 나를 더 걱정하신

아버지셨다.

본가에서 함께 살 형편이 안 되어 애들과 함께 남의 집 웃방살이를 하던 나는 거주지에서 이탈했다는 죄로 보안원의 관찰대상이기도 했다. 고향으로 다시 돌아왔으나 퇴거수속은 할 수가 없었다.

내가 가고 싶은 곳에 마음대로 갈 수 없는 것, 북한에서는 이것이 가장 어려운 일이다. 주거지를 옮기려면 먼저 가려고 하는 곳에 위치한 직장의 근무확인서가 있어야 한다. 직장문제가 해결되기 전에는 그 이디도 갈 수 없다.

학교를 졸업하면 노동과에서 직장을 배치해준다. 내가 원하든 안하든 배치된 곳에 가야 한다. 다른 직장에 옮겨간다는 것은 하늘의 별따기다. 물론 권력의 힘을 빌리면 그 어떤 것도 가능하지만, 밑바닥 인생들은 엄두조차 내지 못한다.

여기서 짚고 넘어갈 것이 하나 있는데, 모든 퇴거절차에는 반드시 조직이동증명서가 안받침 되어야 한다. 이것 없이는 한 발자국도 옮겨갈 수 없다.

경조사로 친척 집을 방문하자고 해도 여행증명서를 발급받아야 하는 까다롭고 불쾌한 절차를 통과해야 한다. 외국은 고사하고 제 나라 땅도 마음대로 살 수 없는 곳이 바로 북한이다.

고난의 행군 시기 살길을 찾아 집을 떠난 사람들이 많다. 이들이 바로 거주지를 이탈한 사람들이다.

사회질서가 마비되고 어쩔 수 없는 듯 조용하더니 몇 년이 지나자 보안원들이 쫓아다니면서 거주지로 가라고 성화를 먹였다. 당의 방침이라고 하면서 버스에 태워 거주지로 보냈지만, 그곳에서도 그들을 붙잡아둘 수 없었다. 아무것도 없는 빈집에 끌어다 놔봤자 다시 나가는 건 시간문제였던 것이다.

"이 간나야, 시집갔으면 거기서 썩어질 것이지 여긴 왜 왔어? 내일 또 와 볼 건데 그때도 있으면 가만 안 둘 줄 알아."

시집갔다가 친정에 돌아온 옆 마을의 어느 집 딸에게 보안원이 매일같이 했다는 말이다. 보안원의 눈에는 이들이 사람 구실 못하는 인간쓰레기로 보였을 것이다.

이혼이라는 벽에 가로막혀 그냥 올 수밖에 없었다. 애를 못 낳으면 첫 번째 이혼 사유로써 순조롭게 이혼할 수 있다. 이외는 뇌물을 고이지 않고서는 절대 불가하다. 설사 남편이나 아내가 바람을 피웠다 해도 이혼사유에 해당하지 않는다.

가정은 사회의 세포다. 가정이 건강해야 사회가 건전할 수 있다고 하면서 이혼을 막는다. 이 또한 자기 결정권을 무시하는 것, 즉 자유를 구속하는 것이라는 걸 지금에야 비로써 깨닫는다.

내 처지도 그 집 딸과 다를 바 없었으나 보안원은 나에게는 관대했다. 운송 수단의 기본인 자전거를 남동생만큼 잘 고치는 사람이 주변에 없었다. 남동생 신세를 져야 하는 보안원으로서 나를 괴롭히긴 어려웠을 것이다.

보안원은 특권계층이다. 보안원과 안면이 있다고 해서 친구 사이는 절대 아니다. 이해관계에 따라 적당히 대해주는 것뿐이다. 담당보안원이 좋은 사람이라 생각했던 나는 옆 마을의 어머니에게서 그 말을 듣고서야 그 역시 나와 다른 계급이라는 사실을 새삼 깨달았다.

생활전선에 뛰어들어 온갖 풍파를 다 겪는 과정에 벌레만도 못한 취급을 받은 적이 한두 번이 아니다. 한 번은 딸을 업고 지나가는 자동차를 세우려고 담배를 흔들다가 보안원에 걸렸다. 기차도 제대로 다니지 않고 버스도 없는 환경에서 담배를 들고 지나가는 자동차를 세우는 건 그 당시 흔한 풍경이었다. 행사가 있는 것도 아니고, 단속받을 거라곤 꿈에도 생각지 못했던 일이었다.

"너희 같은 것들이 나라 망신 다 시킨단 말이야. 어디 도로 한가운데서 담배를 흔들고 지랄이야?"

한 끼가 새로운 사람들을 다 끌고 가서 담배를 빼앗고, 배낭 안의 물품을 회수했다. 이 물건들이 장사꾼의 손을 통해 다시 장마당으로 나온다는 사실을 모르는 사람이 없다. 노동자들은 배급을 안줘도 보안원이나 보위원 등 권력기관에 종사하는 사람들은 꼬박꼬박 받는다. 그러면서도 이런 짓을 서슴치 않는다.

그 땅에서 사람다운 삶을 바란다는 건 죽어도 바랄 수 없는 일이었기에 나는 탈북을 결심하기에 이른다. 하루를 살아도 사람답게 살아보자. 내 아이들만큼은 나라다운 나라에서 사람대접을 받으며 살게 하자. 이것이 바로 내가 탈북을 하게 된 가장 큰 요인이다.

나는 현재의 삶에 만족한다. 돈이 많은 것도 아니고 내 명의로 된 집이 있는 것도 아니다. 나의 행복은 자유에서 오는 것이다. 마음만 먹으면 어디든 마음대로 갈 수 있고, 하고 싶은 일을 찾아 할 수 있는 자유, 이것이 얼마나 소중한지 겪어보지 않은 사람은 잘 모른다. 인간이라면 마땅히 누려야 할 가장 기본적인 권리를 찾기 위해 우리는 엄청난 대가를 지불한 것이다.

먹고 살기 급급했던 내 고향에서는 끼니 걱정 없이 사는 것이 가장 행복한 삶이라 여겼다. 배고픔을 모르는 생활, 이것만으로도 나는 이미 성공한 인생인 셈이다. 하지만 날이 가고 해가 갈수록 고향에 두고 온 부모 형제에 대한 그리움과 죄책감이 가슴을 짓누른다.

내가 할 수 있는 일은 무엇일까? 정신적·육체적 고통을 견디지 못해 스스로 생을 마감한 사람도 반역자로 취급되어 남아 있는 가족이 매장당하는 사회. 그 속에서 벌레처럼 밟히고 죽어간 수많은 사람들, 아직도 태어난 운명을 숙명처럼 받아들이는 고향 사람들, 그들이 살길은 오로지 통일밖에 없다.

"북한도 사람 사는 곳인데 왜 고향을 떠나서 고생하는가?"

"북한사람들이 많이 굶어 죽는다는데 사실인가?"

"북한사람들은 왜 한 번도 들고 일어나지 않는가?"

나는 이러한 질문을 종종 받았다. 탈북자라면 누구라도 선뜻 대답을 못 할 것이다. 한마디로 설명할 수 없는 현실을 글로 표현하는 것, 이것이 바로 내가 시를 쓰게 된 계기다. 남한에 와서야 눈을 뜨고 새로운 시각으로 보게 된 고향의 모습을 그려내는 것, 허울에 가려진 북한의 진면모를 보여주는 것, 이것이 나의 인생 목표이고, 50대에 이르러서야 비로써 갖게 된 꿈이다.

내 머릿속에 저장된 기억들을 하나하나 작품으로 완성하여 통일문학에 기여할 것이다. 언젠가는 나의 글이 빛을 보고 소금의 역할을 할 수 있을 거라 믿는다. 나의 이야기가 시가 되고, 역사가 되고, 통일문학의 기초가 되고, 통일의 지름길이 되길 소망한다.

해설

해설

경험과 증언의 시학

허혜정(시인·문학평론가)

1.

시인이 자신의 시대에 대해 말하는 것은 단지 자신이 거쳐온 경험만을 말하는 것이 아니라, 그의 삶을 관통하고 있는 역사와 시대정신 혹은 부조리한 세계에 대해 비판적으로 응시하는 것이다. 특히 온당하지 않은 독선과 기만이 횡행하는 장소에서, 개인의 생에 대한 자성적 기록일 수 있는 시는, 그의 삶의 상처를 통해 역사라는 거대한 주제를 배음처럼 들려준다.

분단국인 한국에서 '역사' 혹은 '시대'라는 말은 늘 절박하고 무거운 울림을 가지고 온다. 마치 1990년대에 '해금'되기 전까지 오랫동안 금서로 묶여 있던 월북/납북시인들의 시집처럼, 내가 거의 접해볼 수 없었던 탈북민의 시를 불현 듯 읽게 되었던 것은, 수년 전 학생 '이명애'를 나의 시창작수업에서 만나게 되면서였다. 여느 해처럼 시창작 과제물을 검토하던 필자에게 학생 '이명애'의 창작시 레포트가 눈에 확 뜨였던 순간을 잊지 못한다. 명확하면서도 힘이 있는 문체와 순한글 어휘들이 맛깔나기도 해서, 시인으로 키워볼 만한 재능있는 학생을 발견했다는 생각에 가슴이 뛰었다. 필자는 그녀의 재능과 가슴에 묻혀 있을 숱한 이야기들이 그대로 침묵 속에 묻히게 될 것이 안타까와 문예창작학과로 편입을 권유했었다. 그 후 이명애는 줄곧 이어온 고된 직장생활을 하며, 문예창작학과의 수업을 듣고 창작동아리에도 열정적으로 참여하며 창작에 매진했다.

 필자는 이명애 시인이 등단하기 전에도 창작과제나 동아리활동 중 제출된 그녀의 시편들을 자주 접할 수 있었는데, 그녀의 시에는 근래의 젊은 시인들의 컴퓨터 문체같이 매끄러운 수사적인 분식이 아닌 대단히 진솔하고 힘 있는 감동이 있었다. 시인의 날카로운 시선과 북에서의 체험으로부터 건져올린 제재들, 호소력 짙은 고발성 또한 갖추고 있어 훌륭한 신인이 탄생하겠다는 확신이 들었다. 그녀의 시편들 중 몇 편을 골라서, 필자가 창간편집위원으로 관여하고 있던 [K-스토리]에 추천하였다. 천길 난관을 뚫고 달려온 듯한 삶의 아픔과 상처가 배어있는 언어, 또 그만큼의 아린 시정이 배어 있는 이명애의 시에 모든 편집위원님들께서 크게 감동하였고, 그해 12월 늦깍이 학생 이명애는 신인문학상을 수상하며 당당히 대한민국의 시인으로 시단에 데뷔하였다. 한국문단에 데뷔한 탈북문인들 중에서 소설가가 12명, 시나리오작가 1명 남짓이고, 이명애 시인을 포함하여 시인은 6명에 지나지 않으니 얼마나 귀한 시인인가!

그렇게 우리 앞에 모습을 드러낸 시인 이명애의 첫 시집 『연장전』은 분단이라는 어둡고 황량한 한국 현대사를 배경으로 읽혀져야 할 시집이 분명하다. 대한민국이 반공주의, 권위주의, 성장주의로 압축되는 산업화시대를 거쳐 '한강의 기적'이란 말로 상징되는 급속한 성장을 지속해온 동안, 군사분계선 저 너머의 강압적인 체제 아래서 힘겨운 생존의 고투를 지속해온 북한 주민들의 고통과 상처를, 이명애의 시는 생생한 경험적 삽화를 통해 환기시키고 있다. 가령 이명애의 시는 인민의 낙원이자 사회주의 이념으로 축조된 공화국에서, 정작 그 주인이어야 할 주민들이 비참한 굶주림 속에 막막히 내던져진 고난의 행군시기, 다양한 상황 속에 놓인 북한 주민들의 삶을 연민어린 시선으로 묘사해가거나,

국가의 전횡과 수탈에 무방비로 노출된 개인의 절망을 노래하기도 한다. 전반적으로 그녀의 시집은, 분단국가의 비극을 압축적으로 보여주는 북한주민으로서의 삶 뿐만 아니라 행복을 꿈꿀 수 없는 장소와 상황을 거부하고 '탈북민'으로서 맞이하게 된 남한에서의 새로운 삶, 그래서 더욱 간절해질 수밖에 없는 고향에 대한 그리움과 지금도 부단히 지속되고 있는 글쓰기에의 의지를 담아내고 있다. 이러한 의미에서 그녀의 시집 제목이 "생존의 경기"같이 절망적으로 내달려야 했던 생의 전반전과 후반전, 그리고 역전의 의지를 확인하는 '연장전'에 비유되었는지도 모를 일이다.

2.

실향에 대해 쓴다는 것은 단순히 떠나온 자의 고통보다 더욱 커다란 주제를 포함한다. 그것은 자신의 기원과 장소를 박탈당한, 아니 스스로에게 박탈을 선고해야만 했던 역사의 어두운 경험과 연관되기 때문이다. 이러한 점은 『연장전』을 구성하고 있는 다섯 개의 장(1부 〈나를 응시한다〉 2부 〈뒷문이 앞문을 비웃는다〉 3부 〈백 원의 가치〉 4부 〈호랑이 가죽〉 5부 〈연장전〉)에 수록된 작품들의 구성을 보아도 충분히 짐작할 수 있다. 시인은, 시집 속에서, 나이 '마흔'이 되어서야 목숨을 걸고 탈북을 감행할 수밖에 없었던 자신의 삶에 대한 뼈아픈 성찰과, 그냥 기억으로 묻어버릴 수만은 없는, 지극히 사실적이고 인간적인 삽화들을 몇 작품씩 묶어 다각적으로 비춰낸다. 특히 90년대 중반부터 북한에서 시작된 '고난의 행군'시기, 즉 주민들이 스스로 자력으로 생계를 이어가던 비참한 시절의 이야기를 반복해서 들려준다.

시인 또한 그 시대에 아이 둘을 키우는 엄마로서 장마당을 떠돌며 이를 악물고 살아내야만 했는데, 시인의 지친 눈에 포착된 동시대 북한주민들의 가난의 참상과 악전고투를 하는 군상들의 모습은 참으로 눈물겹다. 시인을 더 슬프게 한 것은 아마도 주민들의 고통에는 아랑곳 없이 무엇이든 수탈하고 강자에게는 '뒷문'을 열어놓던 사회의 부조리함, 반칙을 서슴없이 자행하는 상류층의 행태였을 것이다. 국가적인 방치가 빚어낸 꽃제비의 비참함이라든지 어떤 보호도 받지 못하고 강간당하는 여성, 굶주림에 지쳐 도둑질하는 군인들, 국가를 위해 일하다 장애를 입고 방치된 군인, 태어나기도 전에 낙태약에 시달리는 태아와 장애아같은 삽화들은 시집 속에 가득하다. 시인이 세상에 알리고 싶은 참혹한 이야기들이 어디 이것 뿐이랴. 연민, 아픔, 때로는 조롱과 절규조차 부족할지 모르겠다. 인권이라는 말조차 모르고 살아야 하는 북녘의 실상이 어느 정도인가 하는 것은 이미 독자들도, 탈북민들의 소설이나 책과 방송, 유트브 채널의 증언들을 통해 어느 정도 알고 있을 것이다.

전반적으로 시집에는 자전적인 회상과 모티프, 그리고 시인이 느끼고 사유했던 생존의 문제들, 그리고 사회의 이념과 선전과는 괴리되는 부당한 이면들에 대한 질문으로 가득차 있다. 무엇보다 주목되는 것은 그녀의 시의 첫 출발점이 되는 '탈출'의 문제이다. 시인은 마흔살에 도강을 하는 그 여정이 곧 "기억의 바다에 침몰되었던" 숱한 의문을 만나는 순간임을 다음같이 기술한다.

> 나는 마흔 살에 압록강을 건넜습니다. 그때 문득, 기억의 바다에 침몰 되었던 인민학교 교과서의 이 교시 구절이 튀어나왔습니다. 그 누군가는 나라를 찾기 위해 압록강을 건넜다면, 그 누군가는 삶의 터전을 빼앗기고 두만강을 건넜다면, 주권국가의 국민인 나는 왜 탈북해야 할까요? 사형수도 아닌데 저들은 왜 나를 향해 총을 겨눌까요? 나는 왜 목숨 걸고 도망쳐야 할까요?
> - 「탈출의 끝은 어디일까」 부분

시집 속에 첫 시로 수록된 위의 시를 보면 '탈출'은 운명처럼 주어진 상황을 수락하지 않고 새로운 상황을 선택하고자 했던 결연한 의지의 결과이다. 하지만 의문은 떠나지 않는다. 화자는 "주권국가의 국민인 나는 왜 탈북해야 할까요? 사형수도 아닌데 저들은 왜 나를 향해 총을 겨눌까요? 나는 왜 목숨 걸고 도망쳐야 할까요?"라고 묻는다. 화자는 자신을 사형수처럼 총부리를 겨누고 뒤쫓던 땅에서 "주권국가의 국민인 나"를 생각하고, 압록강을 건너면서도 "인민학교 교과서"의 한 구절을 떠올린다. 그녀를 속박하고 복종을 강요하며 그렇게 노예처럼 살아가는 것이 운명임을 주입했던 '주권국가'는 그녀에게 무엇인가? 어쩌면 시인에게 글쓰기는 '왜'라는 의문의 대답을 찾기 위한 도정일지 모른다. 하지만 결코 쉽게 찾아질 수 있는 해답이 아니기에, 시인은 인생 모두를 바쳐 모든 기억과 의문을 통과해야 하고, 그래야만 온전히 시인은 불행으로부터 '탈출'했다고 말할 수 있으리라.

이명애의 시의 출발점에 각인되어 있는 '탈출'에 대한 의문은, 필자가 생각하기에 인간의 '자유의지'와 관련된 것이 아닐까 싶다. 인간이 자유의지를 가졌다고는 하지만 압도적인 상황의 압력 속에서 존재는 스스로의 의지를 포기당하고 강압에 의해 조종되는 꼭두각시의 운명을 수락하기 쉽다. 더욱이 본능적으로 행복을 갈망하는 '생명' 그 자체가 아니라, 사회가 부여한 정치적 생명을 강압하는 사회라면, 개인이 꿈꾸는 행복은 오히려 반역자의 불순한 죄악으로 단죄될 수 있다. 그녀가 '왜'라고 물었던 질문에는 사실, 집단적이고 전체주의적인 삶이 아닌 다른 삶으로의 '탈출'을 갈망했던 개인, 생명의 본질 그 자체의 발현인 '선택'이 자리한다.

  하지만 이명애의 자전적 에세이 몇 편을 읽어보면 그러한 선택의 결단을 내리기 이전에 그녀는, 결코 순응한 것만은 아니지만, 학교와 직장, 어디서도 기를 펴지 못하고 부당한 차별에 길들여져야 했던 자신의 상황과 검열의 시선들에 짓눌려 있었던 듯하다. 시인은 아버지를 원망했었다. '토대'를 따지는 사회에서 '동요계급'으로 분류되어야 했던 그녀의 가족사를 통해 유추해 보면, 자식들의 버팀목이 되어주기에는 아버지의 상황이 열악했었고 그것은 또한 한국전쟁 중 가까스로 살아남은 할아버지로부터 물려받은 삶의 상황이었다. 가족들 중 누구도 '당원'이 아니었기에 시인이 학창시절 겪어야만 했던 부당한 모욕과 차별, 성실한 노력으로 형제들 모두 훌륭한 학업적 성취를 했고 좋은 직업까지 가졌지만, 그래도 시인의 가족은 결과적으로 이념적으로는 평등을 주장하는 사회에서 '차별'의 희생양과도 같았다. 그렇게 부당한 논리 속에 산산조각난 개인들이 어떤 삶의 상황으로까지 내몰릴 수 있는지를 압축해 보여주는 삽화를 우선 살펴보기로 하자.

야, 저것들 당장 끌어내려!
제 몸 건사도 못하는 저런 거 태웠다가
재수 없으면 송장까지 치러야 한다니까!

꼬박 굶으며 일주일을 걸었다는데
외갓집까진 아직 백 리가 남았다는데
나도 끌어내리라 할까 봐
얼른 그 가냘픈 손을 놓아버렸다

어둠 속에 댕그러니 남은 세 모녀
멀어지는 자동차 응시한다
아니, 나를 응시한다

— 「나를 응시한다」 부분

  2020년 『현대시학』에 발표한 이명애의 에세이 『나의 인생 스토리』에 의하면, 위의 시는 "북한 사회 전체가 마비되는 일명 '고난의 행군' 시기"를 맞아 장마당에서 장사를 하던 시기의 기억을 모티프로 한 듯하다. 시인은 당시 "돌 지난 딸을 업고, 앞에는 배낭을 메고 장사 길에 나섰"으나 보안원에게 배낭까지 몰수당하거나 "사기꾼에 장사밑천을 홀랑 도둑맞"기도 했던 '참혹한' 나날들을 보냈다. 시 속의 화자는 마치 "나를 응시"하듯 두 아이를 데리고 너무나 지쳐있던 아이엄마를 본다. 여인은 지갑을 도둑맞고 "무연탄 가득 실은 화물차"를 간신히 얻어타려 했다. 꼬박 일주일을 굶고 걸어왔고, 아직 백 리나 더 걸어가야 할 그네들이 딱해 화자가 화물차에 오르는 것을 돕는데 "야, 저것들 당장 끌어내려!/제 몸 건사도 못하는 저런 거 태웠다가/재수 없으면 송장까지 치러야 한다니까!"라고 운전수가 소리친다. 화자는 "나도 끌어내리라 할까 봐/얼른 그 가냘픈 손을 놓아버렸다"

이명애의 자전적 체험을 담고 있는 위의 시에서, 그 가여운 여인과 아이들의 '손'을 놓게 했던 것은 화자 자신마저 화물차에서 끌어내려질지 모른다는 두려움이었다. 사는 일이 너무도 힘겨워서 남을 돌볼 겨를조차 없이, 자기처럼 삶에 지쳐있던 여인에게서 고개돌려야했던 순간은 시인에게 오래도록 '회한'의 순간으로 각인되었다. 사실 그녀가 도와주었다고 해도 그녀에게 더 좋은 날이 있었으리라는 보장은 전혀 없다. 어디서든 사람들이 죽어나가는 현실에서 다른 사람들에게 무슨 일이 일어나고 있는지, 왜 온 나라가 이토록 굶주림에 시달리는지, 물어볼 여유도 기력도 거의 없다. 그렇게 굶주림과 그저 살아남자는 맹목적인 본능으로 피폐해진 사회에서 아이들이 그저 목마르게 기다리는 것은 '선물'이다.

> 민족 최대의 명절인 2월 16일과 4월 15일
> 갓 태어난 아기들부터
> 소학교에 다니는 아이들에게

어김없이 당과류 선물이 지급된다

아이들에게 줄 간식이라곤
딱딱하고 샛노란 강냉이밥 누룽지
이마저도 흔하지 않은 세월

절대 잊을 수 없는 달콤한 맛
떨쳐버릴 수 없는 유혹의 맛
온 나라 아이들이 목마르게 기다린다

장롱 속에 고이고이 모셔놓고
하루 한 개씩
울면 달래느라 또 하나

장롱은 요술 궤짝
사탕 나와라 뚝딱
과자 나와라 뚝딱

요술의 사명도 금방 끝나 버렸건만
아기는 손가락으로 장롱을 가리키며
계속 울어댄다

— 「요술궤짝」 전문

"민족 최대의 명절"이라는 수령의 생일날 인민들에게 배급되는 과자상자는 결코 아이들의 허기를 해결해주는 것이 아니다. 배부르게 먹고 살 수 있는 날을 예고하는 것도 아니다. 잠시 불평을 잠재울

'요술궤짝'을 목마르게 기다리는 아이들은 당과류를 '하사'하는 임금이 '수령'으로 이름만 바꿔 군림하는 봉건적 구질서의 악습을 알지 못한다. 그리고 자신들이 배우는 국가이념이 "혁명역사는 몰라도/세상 물정은 알아야 한다/힘 있고 권세 있는 학부모들"만이 배부받을 수 있는 새교과서처럼 빈부에 따라 부자는 새교과서를 쓰고 빈자는 "옥수수 대로 만든 공책에 옮겨 쓴 대용 교과서"(〈혁명교과서〉)와 닮아 있음을 알지 못한다.

이렇듯 이명애는 부조리한 차별이 횡행하는 북한 사회의 심부를 다양한 삽화들을 통해 날카롭게 파헤친다. "말단 분조장도 아니고/노동당원도 아니고/간부들에 미움만 사던 아버지가 돌아가셨"을 때에도 시인이 폭군의 상징처럼 떠올리는 존재는, "유명무실해졌다지만/엄연히 무상치료제도가 존재하는데도 "의사가 요구했던 '300원짜리 주사를 매일 맞아야 한다며/능숙한 솜씨로 다섯 자녀의 지갑을 진찰"하던 의사였다. 시인은 개탄한다. "그 값은 누가 정하고/어느 주머니로 들어가는 것인가!"라고. "열아홉 자손의 하루를/아버지의 하루와 맞바꿔도/도저히 감당할 수 없는 현실"에서도 시인의 형제들은 "자식 된 도리를 저버릴 순 없다고 생각하고 "저희 형제들이 어떻게든 돈은 마련할 테니/입원만 시켜주세요"라고 의사에게 탄원한다. 하지만 아버지는 "환갑은 살았으니 이만하면 됐다/.../난 이미 사형선고 받은 사람이야"(〈사형선고〉)라고 하며 죽어간다.

이렇게 울분과 비통함으로 상기되는 북녘땅에서의 삶은, 약장수가 낙태약으로 판 "중국산 돼지 회충약"을 "두 달 된 태아를 지우려" 복용량보다 더 많이 먹어도 낙태에 성공하지 못한 여자들(〈목숨〉) 등의 수많은 군상들의 일화와 더불어, 태아의 목숨을 저버려야 할 정도로 모성조차 파괴된 사회, 맹목적인 생존을 위해 돈의 논리만이 판을 치는 피폐한 사회를 생생히 폭로하고 있다. 약자에게는 더 비정하고 강자에게는 더 비굴해지는 북한사회의 실상을 고발하는 시는 매우 다양하다. 그런 사회에서 가장 비침해진 이들은 사회적 약자인 여성들과 아이들이다. "피임약은 없고/낙태는 불법이고/있는 아이도 굶어 죽는 판에/아이는 계속 낳으라"(〈산부인과〉)는 사회에서 여자들과 아이들, 기형아의 수난은 계속된다. 가령 "엄마 아빠의 사랑으로 태어났건만/고난 앞에 무방비로 맞선 아기/열 달을 채우고도/세상 밖에 나올 준비가 부족했"던 기형아의 엄마에게 "이것도 사람이라고 일주일이나 끼고 있었니?/바로 엎어 놓고 말지"라고 산부인과 의사는 면박을 준다. "그래도 인간인데/그래도 생명인데"(〈기형아〉)라고 탄식하는 시인은, "독한 약에도 살아났던 아기는/

온 힘을 모아/발버둥 치며 항의한다/나도 살고 싶다고!"(〈두 개의 작은 발〉)라고 신생아의 목소리를 대신해 항변하기도 한다.

집단의 논리 그 자체가 폭력적인 사회에서 여자들에게 고통의 몫이 돌려지고 강간조차 죄의식 없이 자행되는 것은 그리 놀라운 일이 아닐지도 모른다. 이명애의 시는 현실 속에 일상화된 폭력을 자주 고발하고 있다. 가령 두 여자에게 자동차를 태워주던 운전수가 음심(淫心)이 일어 "아기도 낳아보지 않은 새색시"(〈정조보다 소중한 것〉)의 정조를 빼앗으려 하다가 뜻대로 되지 않자 여자를 팽개치고 배낭을 가지고 달아난 사건이라든지, 도둑질을 하러 여관에 들어온 사내가 소녀 꽃제미를 범하는 이야기 등은, 도덕과 정의같은 추상적인 관념조차 사치로 여겨지고 인정조차 메말라가는 막장의 사회를 보여준다. 문제는 제 한 몸 살아남기도 버거운 굶주림이다. "단 일주일간 산모에게 지급되는 알랑미"는 젖이 부족한 아이에게 "인생의 쓴맛부터" 보게 한다. "우는 아기를 안고 서성이는/그렁한 엄마 눈에/ 창밖의 황금 나락이 물결친다 "하얀 이밥이 춤을 춘다"(〈알랑미〉)

여기서 우리가 심각한 질문을 던져보아야 할 지점은, 엄마가 태아에게, 의사가 병자에게, 남자가 여자에게 자행하는 폭력이 왜 시대적 폭력으로 번역

될 수 있는가 하는 문제이다. 문제는 "생존을 위해서 먹을 것을 빼앗고 빼앗기는 싸움"이 보편화되어 있는 사회이며, 사랑하는 아이조차 생존의 짐이 될까 걱정해야 하는 일상이라는 점에서 대단히 심각한 비극성을 내포한다. 폭력을 저지르든 당하든, 폭력을 피해갈 수 없는 세계에서, 한 개인이 할 수 있는 것은 그 폭력의 장소를 벗어나는 것 뿐이다. 폭력에 대한 감각이 마비된 사회는 죽은 사회다. 나이 마흔에 이를 즈음에야 그런 사회에서 산다는 것이 곧 죽어가는 것에 다름 아님을 시인은 깨달았던 것일까. 그저 인내하고 견뎌내고자 하던 악전고투의 세월을 돌아보며, 시인은 자신의 아이들을 위해, 그리고 자신의 생을 위해, "불법체류자로 중국 땅 한끝에서 한끝까지, 또다시 제3국의 국경을 넘어 한국대사관에 들어가는 길고 긴 여정"을 거쳐 새로운 삶의 터전에 발을 디딘다. 그리고 바로 그 터전에서 돌이키기조차 고통스러울 기억을 향해 긴 글쓰기의 여정을 시작한다. 그녀의 영혼과 육체 속에 각인된 죽음의 기억, 그래서 더욱 삶의 장소를 갈망하게 했던 운명의 명령인지 모른다.

3.

이명애가 탈북을 하고 자신의 삶에 대하여 썼던 몇 편의 에세이에는 여자가 결혼을 하지 않으면 가족으로부터 '독립'이 허용되지 않는 북한사회였기에 서둘러 이루어졌던 결혼 등, 필자에게는 무척이나 생소한 사회가 그려져 있어 놀라운 점들이 적지 않았다. 하지만 무척이나 많은 질곡을 거쳐온 그녀의 삶은, 자신만이 아니라 가족을 둘러싼 사회, 그리고 더 크게는 역사에 대한 관심으로 이어질 수밖에 없었겠다는 사실을 충분히 납득하게 했다. 시대에 대한 관심은 그녀의 첫 시집 『연장전』에도 짙게 투영되어 있는데, 사회주의 체제인 북한이 마치 적나라한 천민자본주의적인 사회처럼 재현되어 있어 필자에게는 다소 의외로 읽혀지는 시들이 적지 않았다. 이를테면 〈뒷문이 앞문을 비웃는다〉에서는 배급차가 온다는 소문이 퍼지고 굶주린 아낙네들은 "며칠째 굶은 식구들 생각에" 배급을 받으려고 어두워질 때까지 "커다란 자물쇠가 걸린 문짝만/하염없이 바라"보다 지쳐 흩어져간다. 그런데 그 뒤, " 슬그머니 열리는 뒷문/보위부, 안전부, 기업소의 간부들/마나님 앞세우고 들어"간다. 부패한 뒷거래의 현장인 것이다. 시인은 〈배급표〉에서 휴지쪼가리로 내버릴까 하다가도 '밥'이 될까봐 버리지 못하는 배급표를 헐값에 사들여 "이중 삼중의 배급을 받아"가는 사람들이 있다는 걸 폭로한다. 이렇듯 시인은 여러 시편을 통해 편법이 판치는 북한사회를 날카롭게 비판한다. 사실 모두가 알면서도 모른 척하고 있을 뿐인 부패한 현실은 거대한 '명령' 앞에 숨죽이고 있어야만 하는 북한주민들의 일상이자 사회논리 그 자체임을 다음의 시는 거듭 암시해 준다.

창문을 가리시오!
5호동 3층 1호 불빛이 샙니다.
창문을 잘 가리시오!

꼭두새벽 메가폰이 단잠을 깨운다
(중략)

3교대 마친 아이 아빠는
영문도 모른 채
5시간 넘게 공장 안에 갇혔다가
해가 중천에 떠서야 풀려난다

그날 오후 다섯 시
조선중앙텔레비전 보도
흥분한 앵커가
군수공장 현지 지도 소식을 전한다

간부들 비상소집하고
미리 대기시킨 선반공 일솜씨도 보고
그 새벽에 공장선전대 예술 공연도 관람하고
기념사진도 찍는다

세상이 곤히 잠든 새벽

> 비밀리에 번개같이 왔다가는 현지 시찰
> 신문과 방송을 도배한다
>
> -「현지시찰」부분

지도자가 "군수공장 현지시찰"을 나오는 날 "꼭두새벽 메가폰이" "창문을 가리시오!"라고 주민들을 깨운다. 주민들 모두 불빛 한점도 새나오지 않게 창문을 가리게 하고, 일꾼들을 창고 안에서 5시간 동안이나 철저히 가둬놓고서야 지도자는 "간부들 비상소집하고/미리 대기시킨 선반공 일솜씨도 보고/그 새벽에 공장선전대 예술 공연도 관람하고/기념 사진도 찍"고 간다. "그날 오후 다섯 시/조선중앙텔레비전 보도"에서 "흥분한 앵커가 전하는 "군수공장 현지 지도 소식"에서 시인은 쩌렁쩌렁 새벽을 가르던 메가폰 소리와 뉴스 '소리'와, 꼼짝도 못하고 숨죽이고 있는 주민들의 '침묵'을 대비시킨다. 극단적인 통제와 우상화를 위한 선전이 난무하는 사회의 심부를 꿰뚫듯 보여주는 것이다. 시인이 살아왔던 '장소'를 폭력적으로 관통하는 권력의 '소리'는, 어떤 항변도 불가능한 주민들의 침묵을 대신해서 증언과 고발을 지속해야만 하는 시인의 글쓰기와도 깊은 관련이 있음은 물론일 것이다. 누구든 죽은 듯 침묵하여 살아가야 하는 이러한 장소의 문법에 대한 통찰이야말로 이명애의 시를 관통하는 중요한 뇌관이며, 그녀의 시가 그토록 많은 삶의 삽화를 증언 혹은 고발처럼 다루게 되는 것도 까닭이기도 하다. 이명애의 시를 전체적으로 읽어보면, 특별히 남한과 북한의 현실을 대비해서 묘사하지는 않지만, 독특한 풍자적인 제목 등을 통해서 표현의 권력을 장악한 권력에 대항하여, 북한의 공적인 재현을 조롱하는 수많은 장치들을 찾아볼 수 있다.

수령의 초상이 그려진 백원짜리 지폐가 제일이라는 해학적 어조의 시(〈백 원의 가치〉), 장마당의 한국상품이 '금지품목'에 오르자 주민들이 남한의 쌀 포대를 거꾸로 뒤집어 장마당에서 팔게 되는데 보안원이 알면서도 단속하지 않는다는 이야기(〈거꾸로 대한민국〉), 한때 "권력과 부, 멋의 상징"이던 '초상휘장'이 "공짜로 줘도 싫"은 물품이 되어 장마당에서 팔린다는 이야기(〈당상이 사라졌다〉) 등이 담긴 시편들은, 공적인 재현에 균열을 새기는 주민들의 '입소문'과 정서에 시인이 관심을 기울였음을 의미하며, 시끄럽게 사회를 관통하는 선전의 '소리들'과, 결코 침묵만은 아닌 '소문들'의 대비를 통해 일그러진 사회를 풍자하는 이명애 시의 날카로운 해학미를 보여준다. 무척 재미있는 시를 더 읽어보기로 하자.

개성에 남조선에서 운영하는 회사[1]가 생겼는데
거기 들어가면 배급도 나오고 월급도 많고
장사하는 것보다 백배 낫다오

적어도 10만 원은 고여야 들어간다
생각 끝에 군부대후방부 군관인
오빠를 찾아간다는 개성 아낙네

거긴 아무나 들어간대요?
토대가 걸리면 당연히 안 되지요
하지만 요즘 세상에 돈이 못하는 게 어디 있소
성분 세탁도 가능하다오

척박한 땅 나진-선봉도
개방 후 평양 부럽지 않다는데

전연지대인 개성도 살통 만났네
우리 고향엔 그런 공장 좀 안 들어오려나?
— 「신의 직장」 부분

 개성공단이 "적어도 10만 원은 고여야 들어간다"는, "성분 세탁"까지 가능하다는 "신의 직장"이 된 까닭은 "배급도 나오고 월급도 많고/장사하는 것보다 백배 낫"기 때문일 것이다 다시 말해 사람답

---

1) 개성공단

게 살만한 노동의 댓가가 주어지는 직장이기 때문일 것이다. 이명애의 시가 거듭 그려내는 것처럼 하염없이 일해도 언제든 위협적인 굶주림과 당원들의 수탈, 소매치기, 강도같은 위협에 노출된 주민들에게 개성공단이 천국과도 같은 신의 직장이라는 말은 틀린 말이 아닐 것이다. 굶주림에 지친 시절임에도 구원같은 신의 직장이 있다는 것은 주민들에게 희소식이다. 그래서 시 속의 화자는 "전연지대인 개성도 살통 만났네/우리 고향엔 그런 공장 좀 안 들어오려나?"라는 소망을 품어본다.

여기서 우리가 놓치고 지나갈 수 없는 것은 "개성에 남조선에서 운영하는 회사", "나진-선봉" "개방 후 평양"같은 공간이, 주민들이 지친 삶을 영위해야 하는 현실과는 사뭇 다른, 꿈꿔보기는 하지만 현실화될 가능성까지는 기대하지 못하는 듯한 느낌을 던져준다는 점이다. 그녀의 시에서 '장마당'이 자주 재현되는 까닭도, 어두운 시대의 감각을 밀도 있게 담아내기 위함이기도 하겠지만, 국가주도의 경제가 허물어져버린 상황에서 악전고투하는 삶이 벗어날 수 없는 질곡처럼 반복되고 있음을 재현하고자 함이라고 보는 것이 온당할 것이다. 그렇다고 허망한 꿈조차 무의미해지는 것은 아니다. 〈유엔의 구호물자〉를 보면 "홍수가 밀고 간 마을에 /유엔의 구호물자 당도한다". 하지만 "생활필수품들 하나 둘/ 장마당으로 향한다" 물품들 마지막까지 '강냉이'와 바꾸고 나서 "다가오는 겨울은 어떻게 나지!" 하고 사람들은 걱정을 한다. 유엔 구호품으로 강냉이라도 구할 수 있는 이들을 보며 사람들은 차라리 "홍수에 떠내려간 사람들"(〈유엔의 구호물자〉)을 부러워한다. 구호품을 잔뜩 받아든 수재민처럼 잠시나마 불행 속에서 꿈처럼 맛보는 행운은 사실, 알량미, 담요같은 생존의 물품보다 더욱 중요한 의미를 가질 수 있다. 비정하고 비루하기 짝이 없는 현실일수록, 꿈은 더욱 헛되게 느껴지고 더욱 쉽게 소멸하기 때문에, 바로 그것이 현실에 대한 완전한 항복이며 영혼의 죽음이기 때문에.

집단적이고 전체주의적인 사회에서 치명적으로 무시되는 것은 늘 개개인의 꿈이다. 개인의 꿈과 의지, 자유를 소망하는 생명의 존귀함에 대한 인식을 몰각한 사회는 오로지 힘과 지배, 폭력과 강탈의 논리만이 횡행하는 현실, 아니 현실논리를 빙자한 '야만'으로 전락한다. 시인은 야만의 사회에서 유린당할 수밖에 없는 꽃제비, 영예군인(장애군인) 등에 대한 감정이입을 통해, 상처받은 개인들의 아픔에 초점을 맞추고 있다. 그저 허기진 채 '변방'을 떠돌 뿐인 애잔한 목숨들을 그려내는 시인의 관찰력은 치밀하다. 그들이 하고팠을 말들을 자주 대신하는 듯한 시귀들은, 아마도 시인 자신이 잔혹한 생존의 현장에서 그들이 겪었을 아픔을 겪어낸 바 있기에 가능한 것이리라. 그러한 의미에서 이명애의 시가 노정하는 미학을 필자는 '경험'과 '증언'의 시학이라 명명해 보고 싶다.

이렇게 경험과 세월을 거쳐 곰삭혀 온 언어들은, 이념적 구호와 관념적 '허상'이 난무하는 시들을 부끄럽게 만든다. 정말로 시에 있어 경험 이상의 스승이 있기나 한 것인가. 이명애가 "불법체류자로 중국 땅 한끝에서 한끝까지, 또다시 제3국의 국경을 넘어 한국대사관에 들어가는 길고 긴 여정"을 선택하게 된 것도 이 모든 경험으로부터 얻어진 당연한 선택이었음을 우리는 짐작할 수 있다. 필자는 이명애의 시를 읽기 위해 한번쯤 시인의 고백에 귀기울여 달라고 독자에게 권유하고 싶다. 그녀는 "2005년 8월, 드디어 지옥에서의 삶을 끝장내고 탈북을 감행하였다. 하루를 살아도 사람답게 살아보자. 내 아이들만큼은 나라다운 나라에서 살게 하자. 이것이 내가 탈북을 결심하게 된 가장 큰 요인이다. 철저한 세뇌 교육의 '수혜자'로서 북한을 탈출할 생각을 품는다는 것, 이것만으로도 죽기를 각오한 결단이었다."고 시인은 말한다. "하고 싶은 일을 하면서 하루 세끼 따끈한 밥을 먹는, 너무나 당연한 인간의 권리를 위해 우리는 엄청난 대가를 지불했다. (중략) 내 고향에서는 끼니 걱정 없이 사는 것이 가장 행복한 삶이라 여겼다. 배고픔을 모르는 생활, 이것만으로도 나는 이미 성공한 인생인 셈이다."(〈나의 인생 스토리〉『현대시학』)

하지만 탈북을 했다는 죄책감과 부모 형제에 대한 그리움은 늘 시인을 괴롭혔다. "정신적·육체적 고통을 견디지 못해 스스로 생을 마감한 사람도 반역자로 취급되어 남아 있는 가족이 매장당하는 사회, 그 속에서 벌레처럼 밟히고 죽어간 수많은 사람들, 아직도 인권이 뭔지도 모른 채 살아가는 고향 사람들, 그들이 살길은 오로지 통일밖에 없다."고 시인은 생각한다. 그리고 통일을 위한 길에 작은 보탬이 되고자 시인은 글쓰기를 지속한다. "앞으로도 나의 글이 시가 되고, 역사가 되고, 통일의 지름길이 되길 소망하면서 쓰고 또 쓸 것이다."라고 시인은 결연히 기록하고 있다. 그녀는 '고향사람들'이 살 수 있는 길은 '통일' 뿐이라고 믿기에 통일을 위해 계속 글을 쓸 것을 다짐한다. 물론 통일이라고 쓰는 것이 통일이 되는 것이 아니다. 그것은 무수한 경험과 증언의 축적을 통해 시대의 오류들을 인식하고 깨우치며, 되밟지 않으려는 노력이 부단히 기투되어야 한다. 그럼에도 이미 그녀는 글쓰기를 통해 자신의 고향으로 가는 길을 더듬어 찾으리라 믿어버렸고, 지금 이 순간에도 그 길을 만들어내고 있음을 그녀 스스로가 믿기를 필자 또한 바란다. 고향이 영원히

'소유'하지 못할 어떤 것이라 생각하는 자에게는, 현재도 시간의 간이역에 불과하겠지만, "철조망 넘어긴 팔을 뻗으면/홀로 남은 어머니에게 가닿을 수 있을까!"(〈내 고향은 부산보다 가깝다〉)탄식을 하며, 고향이 "부산보다 가까이 있음"을 깨닫는 시인에게는, 이미 고향은 영혼을 감싸는 운명적 '터전'으로 성큼 다가와 있는 것이 아닐까.

그래서 시인은 늘 고향의 기억을 현실만큼이나 생생하게 보듬는다. 늘 시인이 떨쳐버릴 수 없는 것은, 북녘에 남아있어야만 하는 가족, 그리고 동족들의 아픔이다.

아시안게임 축구 결승전
한 민족 두 나라의 대결
남북한 축구가 시작된다

남한 선수가 중거리 슛을 날린다
경기장에 울려 퍼지는 함성
역시 대한민국이야

또다시 터지는 함성과 탄성
틈새를 노린 북한의 공이 골대를 살짝 빗나간다
조금만 더 안쪽으로 차지……

이어지는 연장전
마지막 일 분을 남겨두고

남한 선수의 공이 골문으로 빨려 들어간다

나도 모르게 벌떡 일어나
두 손 들고 환호한다

긴 휘슬이 울리고
털썩털썩 주저앉는 북한 선수들
주먹으로 눈물을 닦는다

내 손이 갈 곳을 잃는다
금메달은 중요치 않다
남한과 맞대결은 무조건 이겨야 한다

저들은 사상투쟁의 무대에 서게 될 것이다
전면적인 검토를 다시 받아야 할 것이다
꼬투리 하나라도 잡히면 어쩌나
축구단에서 쫓겨나진 않을까!

얼싸안고 돌아가는
남한 선수들이 미워진다

─「연장전」

위의 시편은 남북한의 축구경기를 보며 남한을 응원하다가 북한을 응원하기도 하는 화자의 마음을 잘 보여주고 있다. 현재는 남한의 시민으로 살아가지만, 축구에 지고 북한으로 돌아가 패배에 대한 처벌을 받게 될지도 모를 선수들의 비애로운 현실이 안타까와 화자는 은근히 남한 선수들을 원망하게 된다. 스포츠 경기 하나에도 "남한과 맞대결은 무조건 이겨야 한다"는 엄청난 적대성의 논리가 지배하는 비극적이면서도 어이없는 분단현실이 화자의 심리적 풍경으로 그려진다. 고착화된 분단체제가 만들어낸 이런 풍속도는 이명애의 시집에서 '이산가족'문제로 거듭 그려지는데, 가족상봉의 순간을 기다리다 소망이 좌절되어 상처받는 이들의 모습은 한 개인이 아닌 한민족의 집단적 초상이라 해도 좋을 것이다. 이렇게 이념적이고 시대적인 문제를 이명애 시는 정치적이거나 이념적으로 접근하지 않고, 심리적 '철조망'을 넘지못한 개인들의 비극으로 다룸으로써, 적대논리에 기반한 역사의 정당성에 대한 의문, 그런 시대 속에서 살아가는 우리의 삶에 대한 질문들을 동시에 교차시키고 있다.

언제나 역사가 숭배하는 것은 영웅주의다. 하지만 이명애의 시에 "1호 사진이 도배한 노동신문"(〈노동신문〉)처럼 나타나는 주인공은 수령도 당원도 아닌 작은 개인들이다. 또한 그들은 거대한 공동체적 희망이나 이상을 간직한 존재가 아니라 철저히 무력하게 생존의 장소에 내던져진, 온갖 삶의 비루함에 더럽혀진 존재들이다. 또한 그들은 자그만 수확조차 누군가에게 몫을 떼이고 수탈당해야 하는 '개미'같은 일꾼들이다. 그런 사회는 두 말할 필요 없는 지옥이다. 이명애의 시는 그렇게 불합리한 복종을 강요당한 북한 주민들이 우리가 잊어버리기 쉬운 폭압적인 세계의 희생자이며 언젠가 반드시 해방되고 치유 받아야 할 존재임을 거듭 상기시켜 준다. 비록 새로운 삶의 터전으로 옮겨왔지만 아직도 폭력의 영토에는 결코 잊혀지지 않고 끝없이 떠오르는 이들이 있기에 끝없이 시를 쓰고 있는 그녀의 시간은 '연장전'이다. 시인의 글쓰기가 언젠가는 저 곤핍한 이들의 숨결과 맞닿고 그녀의 소망처럼 자유와 행복의 날로 불리워질 통일의 가교가 될 것을 나는 믿는다.